贝克欧洲史 — 09

C. H. Beck Geschichte Europas

Hartmut Kaelble

Kalter Krieg und Wohlfahrtsstaat: Europa 1945 –1989

©Verlag C.H.Beck oHG, München 2011

Arranged through Jia-xi Books Co., Ltd. / Literary Agency.

封面图片为Berlin Wall on 16. November 1989, ©Yann Forget / Wikimedia

Commons / CC-BY-SA；

封底图片为Berlin 1989, Fall der Mauer, ©Raphaël Thiémard。

〔德〕哈特穆特·克尔布勒——著

Hartmut Kaelble

福　和　冷
利　　　战
国
家

KALTER

KRIEG UND

WOHLFAHRTSSTAAT:

EUROPA

1945-1989

1945~1989年的

欧洲

张萍——译

社会科学文献出版社

SOCIAL SCIENCES ACADEMIC PRESS (CHINA)

丛书介绍

"贝克欧洲史"（C.H.Beck Geschichte Europas）是德国贝克出版社的经典丛书，共 10 卷，聘请德国权威历史学者立足学术前沿，写作通俗易读、符合时下理解的欧洲史。丛书超越了单一民族国家的历史编纂框架，着眼欧洲；关注那些塑造每个时代的核心变迁，传递关于每个时代最重要的知识。如此一来，读者便可知晓，所谓的"欧洲"从其漫长历史的不同阶段汲取了哪些特质，而各个年代的人们又对"欧洲"概念产生了何种联想。

丛书书目

本卷作者

哈特穆特·克尔布勒（Hartmut Kaelble）生于 1940 年，为柏林洪堡大学社会史教授，荣休后担任该校资深教授，已出版《欧洲社会史：1945 年至今》等著作。

本卷译者

张萍，硕士，于 2014 年毕业于德国耶拿大学对外德语／日耳曼语言文学专业，山建筑大学外国语学院德语专业讲师，主讲德语精读、经贸德语等课程。

目　录

导　言

本书围绕一个几乎意味着欧洲终结的时代展开。第二次世界大战结束时，欧洲大陆大部分沦为废墟。众多城市中心、居民区、铁路、街道和桥梁遭到毁坏，约5000万人在战争中丧生，其中多为平民百姓。在战争中负伤、残废、遭奸污以及精神崩溃的人不计其数，具体数目仍未被统计。三十年前，欧洲在第一次世界大战前夕作为世界政治经济和文化中心仍地位显赫，二战后它却连最基本的对自身事务做决定的权力都没有，此时权力的中心落到了华盛顿和莫斯科。7

然而在此后的半个世纪里，欧洲又取得了令人瞩目的发展成果。数十年战乱后，欧洲大陆恢复了和平稳定，进入了一个异常繁荣的新时期。至少在欧洲西部，人们拥有了前所未有的稳定的民主。各国积极通过政府行为谋求发展，整个欧洲进入新时期。欧洲西部见证了现代化福利国家、现代化城市、现代化教育和卫生部门的产生；欧洲东部也经历了自上而下的工业化、扫盲运动和社会保障建设。欧洲的重新崛起，以及其不同政体之间的深刻分歧，是本书探讨的中心议题。8

欧洲大陆在1914年以前的世界统治地位一去不复返了。欧洲各殖民帝国在1945年后的30年里最终瓦解。其对殖民地的压迫消失了，压迫导致的原殖民地对各帝国本土的巨大反作用力也逐渐消失。欧洲不再是世界的中心，而成了政治、经济、文化上的二级世界区域，它不再相信自己的世界使命，同时也不需要再为承担世界使命而付出军事和经济代价。此外，欧洲大陆还为公民提供了比以前好得多的安定的社会环境和物质保障，西部地区比 1914 年前民主得多。欧洲大陆的崛起赋予了欧洲和 1914 年前完全不同的面貌，欧洲人也慢慢认识到，1914 年前所谓的繁荣不过是一个苍白的梦，不值得再去怀念。同时他们必须做好准备，迎接新的挑战和危机，面对新的贫困和失业问题、战后新移民的融入问题、大陆东西部间的巨大差异问题、富裕和贫困国家之间的问题，并承担对周边国家、地区的责任。

欧洲的战后危机和重新崛起并不稀奇。要知道在此期间，世界别的地方也上演了非常类似的故事。世界上另外三个重要的区域也在 1945 年后立即陷入深刻的危机，并又随即走出危机，它们分别是苏联、东亚和南亚。在苏联，西部对其生存至关重要，遭受的破坏却尤为严重，死亡人数极多。苏联虽然是二战的战胜国，但也为此付出了巨大的代价。东亚也与欧洲一样，经历了灾难性的战争，战争死亡人数相近，遭破坏程度亦相似。中国的战争死亡人数比多数欧洲国家的都多。日本也经历了类似的战后危机，陷入瘫痪。印度本土虽然没有经历战争，但是其作为英帝国的一部分，同样被卷入二战，并在 1947 年独立后又陷入内战，这导致数百万人丧生。

这三个世界区域在接下来的十年里同样经过发展，实现了一定程度的经济富裕，成为全球参与者，尽管它们走了一条与欧洲不同的更加艰辛和缓慢的发展道路。中国曾深陷危机，有数百万人丧生，但是它与战后初期相比，物质条件最终也得到了巨大改善。因此要找出欧洲的发展特色，我们还必须仔细分析，加以比较。此外，1945 年后的欧洲历史并不是孤立于世界其他地区独自发展的，其国际合作以及跨国机构的交相往来比以往任何时候都更紧密。

本书尝试以不同的视角多方面讲述 1945 年后的欧洲历史。与大多数的综述视角不同，本书不把政治史放在中心位置，而是把社会史、文化史和经济史放在与其同等重要的位置，此为本书注重的第一个问题。如果仅仅局限在政治方面，我们无法真正把握 1945 年后的欧洲史。政治固然一直都很重要，但 1945 年前后的危机、之后的经济崛起以及冷战中的分裂都不单纯是政治方面的发展。

欧洲史作为一个整体的重要性，是本书探索的第二个问题。它并不是三四十个国家历史的简单拼凑，而是有自己的趋向、事件、主题和争端，它们因时代而异，因不同历史学家而异。试图把各个欧洲国家的历史集到一起来写欧洲历史，无论对国别史而言还是对整体的欧洲史而言都是不合适的。然而找出真正重要的欧洲发展趋向并非易事，因为几乎没有哪个趋向是对所有欧洲国家都适用的。我们有时甚至不得不局限在特定时代内，并仅仅有效针对欧洲的一小部分，对欧洲"共同发展"的开端进行探讨。

找出欧洲内部的差异并分析其增强及弱化状况，是本书关注的第三个问题。这里并非只探讨或主要探讨欧洲与各民族国家之间的矛盾以及欧洲各国间的差异。20 世纪下半叶国际上不同国家群体之间的对立对欧洲的影响更为深远，如欧洲东西部之间冷战的鸿沟，富裕的工业国和贫穷的农业国之间的鸿沟，在最后的殖民战争中日渐没落的欧洲殖民帝国和没有殖民地的民族国家之间的鸿沟。但是本书意图并不在于通过描述内部差异拼凑一个多样性极其丰富的刻板的欧洲大陆印象，而在于关注每个不同历史阶段里，哪些分歧和趋同对欧洲产生影响，并比较何者的影响更深远。迄今为止没有哪一本关于 1945 年以来的欧洲的历史手册对欧洲内部的差异及共同点进行过分类整理。

本书关注的第四个问题是一直最受忽略的 1945 年后欧洲史发展的全球背景。尽管专设一个章节对去殖民化进行详细描述已成为研究论著的默认规范，但是欧洲错综复杂的全球关系绝不仅仅限于去殖民化时代。欧洲殖民结束后，这种全球关系也并没有消失。欧洲的后殖民主义全球化角色虽对当代欧洲有极为深远的影响，但在传统的、限于欧洲本身的讲述中很少被关注到。

11

这些观察线索将贯穿三个历史时期：战后初期，是人民基本生活供给在 1950 年前后实现正常化之前的时期，同时也是冷战开始的时期；之后是非同寻常的经济繁荣，福利国家和计划经济国家发展达到高潮的 20 世纪 50 年代和 60 年代，同时也是冷战进行得最火热的时期；最后是 20 世纪 70 年代末 80 年代初，它是经历 70 年代世俗巨变后市场自由主义的政治鼎盛时期，因第一次世界大战中断的全球化重新开始，同时失业问题及社会不平等加剧，冷战进一步尖锐化。本书以一个简短的关于 1989 年的后记作结。

书中有三条主线贯穿欧洲的经济、文化、社会和政治领域，同时这三条主线也将每一个历史时期划分为三个章节：共同的发展和事件、危机和好转；欧洲内部的分歧和趋同，欧洲的分裂和合并；欧洲的全球化角色，世界帝国政治中心地位之丧失，以及对一个完全不同的后殖民时代角色的逐渐适应。

前 言

1945 年前后的欧洲

　　1945 年是欧洲历史上的一个低谷。欧洲困境重重，主要原因是战争虽然结束了，但是危机还远没有结束。从这个意义上讲，它并不是两个时代之间的分界线。这一年希特勒凄惨自杀，纳粹德国无条件投降，欧洲残酷的纳粹占领区统治崩溃，导致数百万人丧生的集中营获得解放，士兵停战，放下在战争最后阶段使平民及士兵伤亡尤为惨重的武器，一段恐怖的岁月结束了。战争的结束意味着德国占领时代终结了，正因为如此，人们跳起舞蹈，教堂响起钟声，来庆祝胜利。在德国也有不少人终于松了一口气。"当第一批美国坦克从我的小窗户前开过，我内心终于感到喜悦了"，希尔德加德·哈姆－布吕歇尔（Hildegard Hamm-Brücher）在他的日记中写道。当时他还是一个年轻的化学博士生，"欧洲的战争结束了"。

　　然而，战争到底把人们引向了怎样的灾难，只有在战争结束时才完全看得清。直到战争结束后好多人才得知，自己有哪些家人在战争中死去，此生再见的希望幻灭了。后来成为政治家的犹太裔法国人西蒙娜·韦伊（Simone Veil）数十年后在自传中描述了她从集中营出来时的情形。"战争结束了，我的姐姐和我还活着，但是狂热的纳粹组织也让我们付出了沉重的代价。不久后我们就得知，我们再也见不到我们的父亲和哥哥让（Jean）了，我们的母亲也因伤寒去世了。"欧洲人以自己的力量重建废墟中的城市和无数被摧毁的铁路、桥梁，清除森林中的雷区，重新发展经济似乎是毫无希望的。此外，1945年，尤其对很多欧洲人来说，并不是暴力的终结，暴力以其他方式继续存在：强奸，驱逐波兰人、匈牙利人、意大利人和德国人，很多人丧命，战时被占领国家对战时叛国通敌者进行类似内战的清算，还有自杀。

1945 年还是欧洲极度疲乏穷竭以及内部瘫痪的一年，也是众多在战争中心灵遭受重创的家庭艰难恢复的一年。一个熟悉欧洲的美国人在提到华沙时曾写道："1945 年并不是新的开始，也不是畅想未来的一年。""现在想未来还为时过早，"让·莫内（Jean Monnet），欧洲一体化倡导者之一，三十年后在他的回忆录中写道，"战争的后果是，仅仅生存下来，就已耗尽了所有的资源和能量。"

经济方面。战后危机是整个欧洲的危机。只有六个国家受到的影响较小：在欧洲大陆边上的冰岛、爱尔兰、瑞典、西班牙、葡萄牙以及位于欧洲中部的瑞士。对大部分欧洲人来说，这并不是他们人生中经历的第一次危机。很多人此前已经经历了一战、一战战后危机以及 1929 年的经济大萧条。但是 1945 年开始的危机有着根本的不同。它对经济的打击要严重得多，给欧洲人带来了更为深重的痛苦和灾难，导致社会局势异常紧张，文化贫瘠严重，并将许多国家推向严重的政治危机，甚至使其进入类似国内战争的状态。这与生产力下降、失业率上升的普通周期性危机不同，它产生的原因是战争破坏以及数百万人丧生导致的劳动力缺乏。所幸至少在欧洲西部，战争期间配备的现代化生产设备绝大多数未受损坏，可以相对快地恢复运行。危机产生的决定性因素是，交通道路及交通工具，即铁路、公路、桥梁、船舶、火车和汽车制造商，以及城市商业中心和许多城市居民区遭破坏。因此原材料要费尽周折才能运送

图 1　第二次世界大战对整个欧洲造成了严重的破坏，图为被德国
空袭摧毁的鹿特丹港，1941 年 2 月

到工厂，产品也不能像往常一样轻松配送给客户。各国受损程
度不同，对经济影响程度也不同。

　　首先，德国经济的崩溃导致欧洲工业制成品匮乏。其次，
农业方面，牲畜、种子和农业机械也损失严重。农业部门的生
产不再能够养活欧洲大陆。欧洲不得不大量进口粮食，却又缺
乏外汇从美国进口工业制成品和食品；然而欧洲经济已经不能
再像二战前那样通过出口收益来弥补"美元缺口"了。

　　与常见的周期性危机不同，战后的资金和消费者数量一
点也不少。相反，欧洲人由于战时无法消费，攒下了大量的积
蓄。人们持有大量资金和商品稀缺之间的差距导致了严重的通
货膨胀。虽然战后的失业率也很高，但是远没有经济大萧条时
期那么高，所以失业并非核心问题。在某些国家，如法国和比
利时，劳动力甚至是短缺的。对市场的信任，就像一战前在民
众和公共舆论中存在的那样，也被经济大萧条以及两次世界大

战的战时经济计划严重削弱了。持有货币贬值、商品供应紧张、粮食和住房供应不足、物价上涨、实际工资下降，这些都进一步加深了民众对市场的不信任。

社会方面。在社会方面，欧洲在 1945 年前后的危机也与以往的危机有着根本的不同。欧洲民众因食品供应紧张而忍饥挨饿、因缺乏燃料而忍受寒冷、因医疗服务差而受疾病困扰、因住房紧张而缺乏隐私，程度更甚于以往。对一个和平时期来说，一些欧洲国家的死亡率异常高。在大部分受战争影响的国家，儿童的死亡率上升幅度尤其惊人，不仅高于此前的和平时期，甚至高于第二次世界大战期间。

在 19 世纪和 20 世纪从来没有哪一次欧洲战争像第二次世界大战这样让平民如此遭受苦难：经济剥削、轰炸、驱逐、迫害、强奸、种族灭绝以及对精英系统的破坏。因此二战过后，欧洲家庭所遭受的苦难比以往任何战争结束后都要严重得多，比如家人在战争中死亡、亲属下落不明、战争导致身体伤残以及心理伤害、住房被毁、家乡消失、日常生活维系困难等。

欧洲民众还首次经历了社会的无序、反常状态，从纳粹统治结束到同盟国建立新的统治秩序或者当地建立新政府之前，政治和法律秩序会经历短暂的崩溃。在这种政治和法律摇摆不定的状态下，个体只能独自应对一切。这种状态时常会导致社会瘫痪，偶尔会引发混乱。很多欧洲国家由此暂时出现了不稳定的非官方秩序，比如黑市、农村和城市居民的依赖关系、青少年犯罪团伙、新的性别角色定位以及将难民排除在当地人的社会秩序之外等。这些秩序是在自上而下颁布实施的临时规则之外建立起来的；临时规则包括占领军为战俘建立营地，为从集中营解救的犹太人以及因遭放逐而流离失所的人建立临时营地，建立管理占领军与被占领地区之间关系的规则。

20 世纪的欧洲人以往从来没有像此时这样被迫流动以及因交通系统被彻底摧毁而受苦，数百万人受到影响。此前的劳工被强制返乡，或者被迫寻找一个新的家乡，如果他们在家乡不受欢迎的话。被释放的战俘和士兵、集中营囚犯、遭驱逐以及撤离的人纷纷回到家人身边。遭驱逐者和难民需要寻找新的家乡，这一部分是因为他们和很多德国人、波兰人、意大利人、芬兰人和匈牙利人一样，由于战后新的国界划分不得不离开自己生活的区域；一部分则是因为他们在新政权下无法生存或者不愿在新政权下生活。还有一小部分的专家，他们从此前的轴心国或主动或被动地转移到同盟国，被迫移动的艰苦程度也不尽相同。曾经的纳粹和法西斯掌权者通常能够很舒服地飞越大西洋，而很多集中营的幸存者却不得不先恢复健康，才能勉强出行。战争期间撤离的人员通常能较容易地回到他们之前的生活环境，许多难民却只能艰难地另建家园。

1945 年的另一个典型现象是出现了新的非自愿的多个家庭共同居住的居住形式。往往有多个家庭数年间挤在一套住房里，忍受着和别人共用房间、厨房、洗手间和庭院的不便，放弃以前的私密空间。此外，离婚率也在飙升，许多在战时仓促缔结的婚姻破裂了，夫妻双方为挨过战争各自被迫扮演的角色不再适应战后的生活。婚外生育增加，部分是因为强奸，部分是因为战争导致男性人口严重减少，还有部分是因为在战后混乱的状况下，人们推迟做出类似婚姻这样的面向未来的决定。

战后欧洲也出现了各种形式的社会不平等。除了社会阶层、种族、民族和宗教团体之间传统的社会不平等，新的不平等和冲突也十分突出：拥有油画、地毯、家具，却仍挨饿的城市居民和拥有食品、煤炭和木材的农村居民之间的不平等；难民和当地人之间的不平等，其背后往往存在不同教派间的冲突；起义斗争者和旧政权及其勾结者之间的不平等；在同盟国占领的部分欧洲地区，少数掌握了当地占领军语言的欧洲人和大部分无法与占领军沟通的欧洲人之间的不平等。

文化方面。欧洲文化在 1945 年前后也陷入了危机，但各国情况不尽相同。独裁以及战争影响，众多艺术家的离世，政治孤立，艺术创作主体身心疲乏且物质贫困，国家衰落，独裁统治以及占领期间禁止发行艺术家杂志、不允许艺术家出行，博物馆、画廊、剧院、音乐厅、歌剧院及艺术学校遭破坏而被迫关闭……因为这些因素，艺术事业遭受重创，几乎没有新的发展。类似第一次世界大战后"黄金二十年代"的艺术发展在第二次世界大战后并没有出现。

日渐加深的代际冲突早在 1945 年就开始影响欧洲的文化生活了，这也是危机的一部分。当时的老一辈人发动或经历了第二次世界大战，有的曾积极参与战争，有的谨慎、退避地生活，也有的在 1945 年已从流亡中归来，尽管相对少见。这代人现在把守着政治和经济方面的重要职位，开始对文化产生影响。年青一代与之相反，在第二次世界大战中做过士兵或者作为平民遭受过轰炸及纳粹统治的蹂躏，很多人已经去世。现在他们要求恢复学业，并在当时非常困难的情况下建立家庭，也有很多移民离开了已经被毁掉的穷困欧洲。他们自认为是被毁掉的一代，并指责当权的老一辈人的失败，认为他们对欧洲的苦难难辞其咎。

作家海因里希·伯尔（Heinrich Böll）当时还是一个年轻的士兵，刚从战争中归来，在 30 年后的一次访谈中谈到战后初期的年青一代："他们的虚无主义，以及对公民社会形式的冷漠和蔑视是极度令人生疑的。从战争中返回家乡的人重新融入社会是非常困难的。……虽然是我们的父辈没能阻止法西斯主义，甚至一定程度上盲目容忍和纵容了法西斯主义，但却是我们这一代被指责为纳粹分子，……好一种老自由派的屈尊俯就啊。"法国的存在主义哲学开始在年青一代中产生重要影响，因为它传达了一种基本的感受：旧价值观的终结，传统世俗教会权威的崩溃，个人对自身存在及个人自由的关注。

政治方面。1945 年的欧洲同样深陷政治危机。首先，它几乎没有政治自主权。即使在纳粹统治结束后，它也无法自主决定自己的未来，因为只有少数几个国家，如英国以及未受战争蹂躏的国家，有持续的政府统治。大多数国家不仅要重新建立政府，还要重新建立包括新宪法和新政党在内的整个政治制度。因此，有关欧洲未来边界的基本决定并不像第一次世界大战后那样，是由一个有美国干预的、欧洲各国参与的和平会议决定的，而是由美国和苏联，在唯一一个欧洲政府首脑英国首相丘吉尔的参与下，分别通过 1943 年的德黑兰（Tcheran）会议，1945 年 2 月的雅尔塔（Julta）会议以及 1945 年 7 月的波茨坦（Potsdam）会议决定的。

其次，许多欧洲国家面临政治精英危机。以前的顶级政客要么在纳粹占领后被监禁、杀害或驱逐，要么作为纳粹统治者或叛国通敌者而失去了信誉。谁能够担任政治领导职务，在 1945 年的时候，答案还并不明朗。

最后，民主制度的危机依然存在。它并不是战后初期才开始的。1918/1919 第一次世界大战结束时，民主制度充满希望，然而 20 世纪 20 年代和 30 年代，欧洲各国新成立的民主国家分别被独裁或专制政权取代。这一严重的民主危机并没有伴随第二次世界大战的结束而得到解决。在以前的右翼独裁国家德国、奥地利以及意大利，1945 年以后还有相当一部分民众对民主政体持怀疑甚至敌对态度。众多中高层处于决策位置的专业人士，在 1945 年前实行过或者至少接受了独裁政权，

21

虽然为了生存被迫适应了新的形势，但是他们本质上并不支持民主制度。此外，斯大林领导下的苏联并不愿意看到其势力范围内有资本主义民主政体出现。追随苏联的强大的法国和意大利共产主义政党同样绝不会建立资本主义民主政体。

　　总的来说，1945 年是欧洲历史上特别黑暗的一年。战争虽然结束了，但战争制造的危机在此时才真正地显现，出路渺茫。1945 年尽管是一个历史时期的结束，但还远不是一个新时代的开始。

第一章
战后时期（1945~1949/1950年）

1 共同经历战后危机，重新出发

灾难的延续。欧洲在二战末期显露的危机在战后接下来的几年里依然是致命的。本书前言中描述的各种社会、经济问题，例如战争破坏、货币贬值、失业严重、出口低迷、外汇疲软、农业生产破坏、人员被迫流动，还有城乡之间、当地人和难民之间、占领区管理部门和占领区当地之间关系紧张，依旧是欧洲面临的迫切挑战。此外，物资供应持续紧张，并引发了1947/1948年一系列欧洲国家的罢工大浪潮。1945年的问题只有少数几个得以快速解决：战争中背井离乡的人大部分能够迅速返回家乡或者移居国外；社会规范被重新确立，新宪法、福利国家、耕作经营、经济规划以及土地改革等相关政策日益得到贯彻。

文化方面在1945年以后也并没有新的发展。两次世界大战之间的文化潮流仍然主导着接下来的战后时期。战后的大规模危机以及日常的规定约束导致人们对文学、音乐以及造型艺术方面的良好发展持怀疑态度，人们不再期待它们能像在20世纪20年代一样广泛流行。乐观的发展幻想、对"新人类"的各种愿景以及"欧洲终将崩溃"的末世论调都没能对战后时期产生影响。确定的是，在法西斯主义声名狼藉之后，新人类的乌托邦仍然被构想着。末世景象受到了众多读者的喜爱：乔治·奥威尔（George Orwell）的《1984》（1949年）、阿瑟·库斯勒（Arthur Koestler）的《正午的黑暗》（*Sonnenfinsternis*，1940 年）、康斯坦丁·维吉尔·乔治乌（Constantin Virgil Gheorghiu）的《第二十五小时》（*25 Uhr*，1950 年）以及阿诺德·汤因比（Arnold Toynbee）的 12 卷世界历史（1934~1961 年）均传递着末世的信息，描述古老的欧洲如同许多其他早期文明一样来到了它生命周期的最后阶段。但是乐观的发展愿景和末世论调的影响都是有限的，战后时期是由"持怀疑态度"的一代决定的。他们倾向追求更实际的目标，而不是宏大的幻想。相应地，抽象艺术获得了很高声誉。法国，特别是巴黎深深影响了德国、意大利和比利时的艺术。美国的影响虽然也已经上升，但尚不应高估其在战后初期的影响。

政治方面，战后的局势日益严峻，并集中体现在三个主要问题上：欧洲的民主危机、冷战开始以及欧洲殖民帝国的弱点。

除了一战、二战期间引发的自身合法性问题，欧洲政治危机的第一个因素是资本主义民主发展受到了苏联东扩的影响，这在二战后越来越明显。1948 年 2 月，在苏联的影响和支持下，捷克斯洛伐克共产党开始执政。同时在重要的西方国家，深受苏联影响的共产主义政党选举大获成功，这也很有威胁性。1946 年，这些政党在法国获得了超过四分之一的选票，同年在意大利获得近五分之一的选票。因此在法国和意大利政府部长中也出现了共产党人。

与此紧密关联的是欧洲战后政治危机的第二个因素，即超级大国美国和苏联之间的冷战。冷战是全球性的冲突，但它是在二战后初期首先在欧洲和东亚开始的。大部分的欧洲国家也被卷入其中。之所以称其为"冷"战，是因为欧洲强国之间并没有发生真正的军事冲突。但它仍然被称为"战争"，是因为由于美国和苏联两个超级大国之间大规模非常规的核军备竞赛，战争爆发的危险依然存在着。同时，冷战并非纯粹的军事对抗，它同时也涉及经济、社会、文化等各方面的冲突。

战后美国和苏联各自争夺它们在欧洲的势力范围，局势日益紧张。早在 1946 年 2 月，斯大林在一次关于资本主义的深刻危机的演讲中就预言西方可能会对苏联发起进攻。驻莫斯科美国大使乔治·F. 凯南（George F. Kennan）也同样于 1946 年 2 月在一封著名的电报中要求，美国必须采取遏制措施来阻止苏联在欧洲的扩张。1947 年 3 月，美国总统哈利·S. 杜鲁门（Harry S. Truman）宣布了以他的名字命名的杜鲁门主义，承诺美国保护所有"民主"国家免受苏联扩张的危害，冷战就此正式开始。在苏联的强迫下，捷克斯洛伐克和波兰在经过初步协商后拒绝了由美国国务卿乔治·C. 马歇尔（George C. Marshall）1947 年宣告的，此后以其名字命名的通过援助恢复欧洲经济的马歇尔计划，冷战的紧张局势进一步凸显。1948 年 2 月捷克斯洛伐克的"二月事件"使形势更加尖锐。早在 1948 年 3 月，英国、法国和比利时、荷兰、卢森堡三国政治经济联盟（Benelux）就签署了一项军事援助条约——《布鲁塞尔条约》。1948 年 6 月，两个超级大国之间出现了第一次正面军事对抗。苏联开始对西柏林实行陆地封锁，西方阵营决定保卫这座城市，并从空中对其进行补给。相反，美国向奉行共产主义的南斯拉夫提供大量援助，促使该国不依附于苏联，实现独立自主。1949 年 4 月，作为《布鲁塞尔条约》的延续，北大西洋公约组织（NATO）在美国的领导下成立，由此北美与欧洲之间的军事联系变得比以往任何时候都更加紧密。除了加拿大和《布鲁塞尔条约》的签约国，初始缔约国还有冰岛、挪威、丹麦、意大利和葡萄牙，希腊和土耳其也在 1952 年加入。

26

同样在 1949 年，德意志联邦共和国、德意志民主共和国以及新中国成立，成了冷战中新的重要核心国家。1949 年 8 月，苏联第一枚原子弹试验成功是军备竞赛开始的关键性事件，它结束了美国自 1945 年以来的核武器垄断。早期冷战的主要对抗阵地是朝鲜战争（1950~1953 年），韩国和美国（后来也有别的成员加入）对抗朝鲜和中国，并没有与苏联直接对抗。朝鲜战争对欧洲产生了强烈影响。它加剧了东部和西部之间的紧张局势，导致西德重整军备，同时迅速上升的美国军费开支也刺激了欧洲经济发展。

冷战把欧洲划分为了受美国影响的地区和受苏联影响的地区。只有少数几个欧洲国家（芬兰、爱尔兰、奥地利、瑞士和南斯拉夫）能够在政治上保持或者获得中立立场。此外，战后一些主要西欧国家的社会主义和左翼天主教团体，主张欧洲作为"第三力量"，与两个超级大国保持政治距离。然而这一立场在风云变幻的冷战局势中并没有得到贯彻。

1917 年后，美国和苏联和平共处了近 30 年。它们为什么从 1946 年开始陷入冲突呢？在很长一段时间内研究的重点都是债务问题。然而它在近来的研究中变得越来越不重要，因为在当时的情况下，两个超级大国出于种种原因，都有着进入冷战的强烈动机。第二次世界大战后，欧洲经济、政治及道德方面受到严重削弱，不再能够像拿破仑战争后或一战后那样，独立建立和平秩序。在欧洲权力处于真空的情况下，两个新的超级大国带着各自对立的全球使命计划出现：美国要实现资本主义经济自由化和政治民主化，苏联要通过国家计划实现经济现代化和共产党集权化。

吊诡的是，冷战爆发的决定性因素恰恰是两者共同的胜利：它们彻底战胜了在欧洲共同的敌人，即纳粹德国及其对欧洲大陆的暴力统治。此前，这个共同的敌人盖过了美国和苏联

的相互对立。两个超级大国在欧洲最终因各自完善自身安全的
政策而爆发了冲突。苏联凭一众卫星国建立了一个广阔的安全
带，它能够防止欧洲甚至非欧洲大国对苏联再次发动进攻。因
美国自1945年以来一直垄断核武器，苏联的恐慌不断加剧，
直至1949年苏联自己制造出原子弹。美国自1947年来一直奉
行遏制的安全政策，即防御已在所有东欧及中东欧国家建立共
产主义政权的苏联进一步扩张的政策。

　　战后时期欧洲政治危机的第三个因素是，"欧洲帝国"在
亚洲和非洲开始崩溃，以及与苏联的出现密切相关的欧洲内部
各帝国的终结。这一危机涉及欧洲大部分国家。它始于亚洲的
一系列轰动事件，包括大英帝国的核心殖民地印度独立，荷兰
的重要殖民地印度尼西亚独立，法属殖民地阿尔及利亚和印度
支那要求独立，以色列在英国托管地巴勒斯坦建国（参见第一
章第3节和第二章第3节）。

　　由于各种原因，反殖民化加剧了欧洲内部的危机。早在战
后初期，殖民问题就使西欧殖民宗主国的公众舆论产生分裂。
此外，欧洲人从殖民地回归母国，其重新融入也是政府面临的
极其艰难的任务。并且当时另一个挑战也显现了：原欧洲殖民
地的居民纷纷移民欧洲。最终，反殖民化也给殖民宗主国的对
外贸易带来了问题。二战后，殖民地通常仍是殖民宗主国重要
的对外贸易伙伴，比如印度之于英国，印度尼西亚之于荷兰，
阿尔及利亚之于法国。然而殖民地独立后，欧洲不得不寻求新
的出口市场，面对糟糕的经济状况，这一转变对欧洲来说尤为
困难。

　　此外，苏联的出现结束了德国在东欧几个世纪以来的文
化和经济统治。纳粹政权通过政治宣传、恐怖事件、灭绝民族
精英及犹太少数民族等手段，在这里建立了极其残酷的占领政
权。这个欧洲内部的统治政权也随着德国战败而崩溃，大批来

28

30

自东欧的德国及德裔难民拥到随二战结束而产生的新的德国边境后方。法西斯意大利也曾在克罗地亚和阿尔巴尼亚等部分地区建立了另一个但重要性相对较低的欧洲殖民政权。这一殖民统治同样在第二次世界大战结束时崩溃，那里的大批意大利人逃回意大利，意大利和南斯拉夫以及的里雅斯特（Triest）之间的冲突也随之爆发。

经济发展及转变。 战后初期并不仅仅是一个危机时期，它也是一个商业、社会、文化以及政治开始发展的时期。几乎所有这些新的开始都不是暂时性的变化，而是构成了未来几十年的一条发展道路，甚至影响欧洲至今。因此，这一历史时期尤为重要。经济方面最重要的转变是美国政府倡导的经济新秩序，通过对苏联和中国的经济封锁，将三分之一的世界人口以及近四分之一的欧洲人口（不包括苏联）排除在世界经济之外。美国政府打出了经济自由化、取消关税、建立世界货币体系的旗号。它承诺，不仅要实现经济繁荣，同时也要为民主制度的实施提供更好的机会。世界经济新秩序的建立要吸取战争时期错误发展的教训。战争期间，各国通过关税和各自的国家货币及经济政策与其他国家断绝往来，这影响了世界经济的发展，最终也极大地损害了自身的经济状况。

新的世界经济秩序的核心是布雷顿森林货币体系，该体系是在美国和英国的倡议下于1944年建立的。该体系针对的是当时的三个关键问题：对国际经济信心不足；欧洲经济不振，国际物资需求巨大，需从美国大量进口；债台高筑的欧洲各国和富裕的美国间的巨大不平衡。美国本身几乎没有债务，是欧洲的大债主。因此，美国对欧洲经济的迅速崛起极为关注，因为只有这样，欧洲才能偿还债务。

在布雷顿森林货币体系下能够实现货币自由兑换，同时确保汇率一致，以便为国际贸易自由化创造关键的先决条件。所有其他国家货币向美元看齐，为获得互信，美元又可以和黄金互换。美国以此在世界经济中获得了首要地位，特别是在货币稳定以及公共债务领域，对世界经济政治承担着极为重要的责任。美元的汇率不仅对美国经济产生影响，同时也对整个世界经济产生影响。在布雷顿森林货币体系下，当时哪个国家的货币要针对其新的经济优势或劣势作出协调，只有通过政府变更美元兑换汇率才能实现，而不是像今天这样由外汇市场来实现。该体系在体制上得到了1944年成立的国际货币基金组织和1945年成立的世界银行的支持，这两个机构实际上也属于布雷顿森林货币体系。该体系同时也受到1947年签订的《关税及贸易总协定》（GATT）支持。

　　对欧洲来说，还有一个计划非常重要，它同样对于稳定世界经济体系意义重大：1947年美国的马歇尔计划。这不是一项针对全球的长期计划，而仅仅局限在特定区域和特定时间，旨在扶持因受到战争破坏而无力购买物资和原材料的欧洲经济。该计划自1948年实施以来，向欧洲国家提供了120亿美元的长期贷款，大约相当于当时欧洲各国国民生产总值的2%。为此，美国政府要求实现对欧洲经济的共同监管，即欧洲复兴计划（European Recovery Program），也就是确保马歇尔计划的顺利实施。马歇尔计划的贷款并不直接提供给欧洲企业，美元不跨过大西洋。美国企业对欧洲的出口商品直接由美国政府支付，欧洲企业向各自的政府支付商品费用，欧洲各国政府得以用该资金支持基础设施建设。这样，欧洲的私人和公共投资都得到了促进。

　　马歇尔计划从以下两方面看是成功的：一方面，它解决了美元缺口问题，使欧洲企业得以从美国购买急需的物资和原材料；另一方面，它也是战后最大的广告宣传活动之一。它使欧

32

33

洲人意识到资本主义民主国家之间团结的存在：美国政府愿意帮助他们。这种影响在曾经的轴心国及其盟国，即在德国、奥地利和意大利尤为重要。在这些国家，美国渐渐不再被视为敌人。该计划的厉害之处还在于，它并不是一个纯粹无私的项目，它在两个方面也对美国有利。它刺激了欧洲经济，从长远来看，欧洲再次成为美国重要的出口市场。此外，这也是从战争向和平经济过渡的艰难时期，美国实现经济复苏的一项重大经济计划。

战后对于世界经济以及欧洲各国经济，都是实现转变的重要时期，尤其体现在废除定量配给制、削减货币、企业国有化以及欧洲东部实施计划经济等方面。战时欧洲通过公共行政管理对消费品和住房实行定量配给制度，该制度不仅对战败国，而且对战胜国人民的生活产生很大影响。公共管理部门尽最大可能来应对定量配给制导致的后果，即公共的定量配给和私人黑市及私家小菜园双重经济并存的状况。多数欧洲政府很快放弃了不受欢迎的食品和住房分配制度。

相反地，欧洲各国在对抗战后通货膨胀方面取得了长期且较为有效的成果。各国政府尝试通过降低购买力来阻止通货膨胀。西德占领区内，政府通过削减货币抑制通货膨胀，使现金和银行

34 存款价值急剧减少到六分之一左右。新货币德意志马克成功赢得了西德人的信任，这成为联邦共和国的一个神话。然而在欧洲，这一削减货币的决定并不罕见。法国使货币贬值20%左右，奥地利货币贬值50%，大不列颠、瑞典以及荷兰货币贬值30%左右。通过削减货币来对抗通货膨胀是当时欧洲的普遍做法。

大型企业的国有化和计划经济的引入也很重要。在欧洲东部，苏联模式得以贯彻，大型企业国有化，国家对经济实行集中管控。而英国和法国为了实现经济现代化，也将大型银行以及汽车工业、交通和通信领域的联合企业国有化了。法国设立了一个国家规划管理局，该机构虽不集中管控经济，但制订核

心投资计划。在意大利及西德虽然没有实行大型企业国有化，但是大多数现存的大的国家联合企业是由国家掌控的。

这种各国加大经济干预力度的总体做法有其不同的根源。1929年的世界经济危机一方面摧毁了人们对市场自我实现经济调节的信心，另一方面极大增强了人们对国家干预经济的信心。此外，二战期间，在经历战争的欧洲国家，人们已经习惯了严格的国家干预，尤其是在原材料、食品以及消费品的定量配给方面。二战时的轴心国曾通过无情剥削被占领的欧洲国家来提高本国人民的生活水平，在战后，人民甚至很怀念这一时期。并且在很多欧洲专家看来，欧洲现代化程度远落后于美国的现状，只有通过国家对经济的大规模干预才能改变。而苏联模式也有其根源，它是建立在俄罗斯专制国家活动不受限制且经济自主权程度较低的悠久传统上的，但同时也基于斯大林主义时期的苏联与西方划清界限的需要。

与国家对经济的大规模干预紧密相关，欧洲社会方面出现了新的开端，这体现在现代福利国家发展、教育改革以及城市规划上。当时特别富裕的欧洲国家，比如英国和瑞典构想了最初的福利国家制度以及教育政策。这些福利和教育改革开始时的原则是：国家社会保障针对所有公民，而不是只针对特定的公众群体；确保提供最低生活保障；基础保险向所有公民征收同等的社会福利费，提供同等的保险权益；为家庭提供儿童补贴；取代大量错综复杂的小保险，实行统一的公共社会保险；促进教育系统现代化和教育机会平等化。

这种福利国家和教育模式具有感染力的决定性因素是，这些原则在战后时期就已经转化为具体改革，只是各国之间差异很大（参见第一章第2节）。欧洲东部或引入或改造了苏联的福利国家模式，实行了统一集中的国家社会保障，实行对工人子女开放的教育制度并提供统一的免费公共卫生服务（参见第

35

二章第 2 节）。伴随英国、瑞典和苏联的这三种模式的实施，改革的国际压力日渐形成，从长期看，其他欧洲国家很难摆脱这种影响。

战后时期也是关于城市规划的热烈辩论时期。尽管现代主义者和传统主义者之间的分歧在两次世界大战之间已经初见端倪，但是二战又开创了一个全新的局面。一方面很多市中心在战争中被摧毁，却也由此产生了对城市进行全新规划的机会，尽管为此付出的代价很惨痛。另一方面，大部分城市没有足够的资金和时间进行大规模的重新规划。面对战后的危机它们常常需要迅速解决重建问题，同时要考虑到城市土地所有者的主动权。

因此，欧洲战后时期的城市规划很不一样。一些城市，在原有城市规划的基础上很快地建起了新的建筑。另一些城市则抓住了这个改变的机会：鹿特丹（Rotterdam）的市中心成为西欧大城市新市中心的典范；法国卡昂（Caen）的市中心成为西欧中等城市的典范；在华沙，文化宫周围的市区成为共产主义市中心城市规划的杰出项目；柏林的斯大林大道和汉莎街区成为冷战中东德和西德相互竞争背景下各自的核心城市规划项目。

在经历了沉重的反文化独裁统治和军事占领后，欧洲文化在严重的危机中仍然出现了四个新的开端：新的国际文化公众以及知识分子的时代出现；媒体共同迅速发展；宗教信仰的更新；欧洲辩论的激烈爆发以及欧洲象征的创造。当然，在当时严重分裂的欧洲大陆文化中，这些共同的欧洲发展趋势并不总是容易识别的。

在战后的欧洲，国际文化的受众群体几乎一下子就出现了。大部分现在欧洲知名的电影、戏剧和音乐庆典在几年之内诞生了。二战期间曾为纳粹政府军队服务的萨尔茨堡音乐节，在 1945 年得以重启。1946 年，洛迦诺（Lacarno）、捷克卡罗维发利（捷克语：Karlovy Vary；德语：Karlsbad）、布雷根茨（Bregenz）以及戛纳（Cannes）分别创立电影节。战争期间停止举行的威尼斯双年展也在 1946 年恢复。1947 年，阿维尼翁（Avignon）戏剧和音乐节、卑尔根（Bergen）音乐节、杜布罗夫尼克（Dubrovnik）音乐节以及爱丁堡电影节创立。1950 年爱丁堡音乐节、1951 年柏林电影节创立，而经过了"战后那几年"，1953 年圣塞瓦斯蒂安（San Sebastian）电影节和 1955 年卡塞尔（Kassel）文献展也相继出现。这些文化庆典是文化在许多欧洲城市和国家普遍兴起的一种体现，此外，还有众多生命力或短暂或持久的杂志创刊，有新的地方文化倡议团体及众多年青一代的作家及艺术家团体成立。

战后初期是知识分子出场的时刻，他们积极投身公众事务，并得到了公众的支持。其中国际知名人物有法国的阿尔贝·加缪（Albert Camus，1957 年诺贝尔文学奖获得者）、让－保罗·萨特（Jean-Paul Sartre，1964 年获得诺贝尔文学奖但拒领）、西蒙娜·德·波伏娃（Simone de Beauvior）、安德烈·纪德（André Gide，1947 年诺贝尔文学奖获得者）、雷蒙·阿隆（Raymond Aron）以及弗朗索瓦·莫里亚克（François Mauriac，1952 年诺贝尔文学奖获得者），英国的伯特兰·罗素（Bertrand Russell，1950 年诺贝尔文学奖获得者）、格雷厄姆·格林（Graham Greene）、托马斯·斯特恩斯·艾略特（T. S. Eliot，1948 年诺贝尔文学奖获得者）和阿诺德·汤因比（Arnold Toynbee），意大利的伊尼亚齐奥·西洛内（Ignazio Silone）和贝内德托·克罗齐（Benedetto Croce），德国的卡尔·雅斯贝尔斯（Karl Jaspers）、赫尔曼·黑塞（Hermann Hesse，1946 年诺贝尔文学奖获得者）、贝托尔特·布莱希特（Bertolt Brecht）、狄奥多·阿多诺（Theodor Adorno）、海因里希·曼与托马斯·曼兄弟

（Thomas Mann，Heinrich Mann）、汉娜·阿伦特（Hannah Arendt）以及阿瑟·库斯勒（Arthur Koestler）、马丁·海德格尔（Martin Heidegger）和恩斯特·荣格（Ernst Jünger）。

战后初期媒体开始繁荣。纸质媒体读者及广播听众的数量急剧上升，图书及唱片销售数目可观。公众在经历了专制时代及战争占领的媒介匮乏后，对于文化及媒体多样化的兴趣、对于多样的其他娱乐方式的需求，以及缓慢增长的购买力，都是该时期爆发"读者热"和"听者热"的原因。在很多欧洲国家，这一时期是报纸、杂志及电台广播创立的重要时期。德国、意大利以及奥地利的电台、报纸和杂志几乎全部是在这个时期创立的。在曾被纳粹德国占领的西欧国家，重要的报纸、广播电台再次出现或者以别的形式重新出现。东欧在共产党执政以后，新的、多数为亲政府的社会主义杂志和新闻媒体被创办起来。

这一时期，文化方面也出现了一个欧洲媒体平台。1950年，23 个欧洲国家共同创立了"欧洲广播联盟"（European Broadcasting Union）。1954 年，它们自己创办了"欧洲电视网"（Eurovision），并无意与国家级的电视台竞争。战后初期同属于国际媒体的还有士兵广播电台，其中尤为知名的是在欧洲听众很多的美国军中广播（American Forces Network），它在青少年群体中产生了强烈的影响。总的来说，欧洲媒体仍然主要是由国家来组织创立的。国际性的媒体公司尚未在欧洲发挥作用。

另一个文化领域也变得更加活跃：教会再次获得了更多的人气。尽管教会在独裁统治期间态度矛盾，即与独裁统治合作的教会势力和反对独裁统治的教会势力之间矛盾明显，但教会作为可以追溯到专制统治以前的桥梁，尤其是天主教会，仍在公众以及政治领域享有信誉。教会成员人数上升了，参加礼

拜的信众也增加了。此外，民众对于教会的巨大期望也体现在
战后初期建立政党时，除选择社会主义和共产主义外，民众
也会选择以基督教命名的政党。战后初期关于欧洲的共同的
辩论也活跃起来，而且这种辩论常常是关于文化方面的。重要
的作家、知识分子、记者和政治家谈论或著述战争和军事占
领结束后的新局势，重要的是讨论克服欧洲大陆的危机。已经
开始的欧洲一体化进程在不同的关于欧洲主题的辩论中尚未成
为主要的议题：传统的天主教西方话语体系对民主政治常持质
疑态度；部分欧洲经济一体化的支持者，曾和意大利墨索里尼
（Mussolini）以及纳粹政权合作，如今看到了新的机遇；文
化欧洲的倡导者，不仅对欧洲经济区持怀疑态度，而且通常也
反对欧洲大陆的政治一体化；欧洲一体化的支持者，在支持民
主制度和维持和平的统一的条件下，又分为两派，一派支持超
国家欧洲机构，如法国的让·莫内和罗伯特·舒曼（Robert
Schuman），一派支持欧洲内部主权国家之间实行毫无保留的
合作，如温斯顿·丘吉尔（Winston Churchill）。

　　这场激烈的辩论还包括欧洲象征符号的创造，其常出自民
间公众，并没有受政府或国际组织委托。关于欧洲旗帜提议众
多，其中包括当前蓝底 12 颗金星的欧盟旗帜的前身。欧洲邮
票大量发行，通常由各国国旗组合构成的欧洲海报频繁印刷。
欧洲神话中公牛的形象常出现在漫画中，也被用于绘画及雕塑
创作。欧洲历史上的伟大男性和女性被重新诠释为欧洲象征，
不再是民族国家象征。著名的有查理曼大帝，从 1950 年开始
用来表彰促进欧洲一体化人物的亚琛国际查理曼奖，即取自他
的名字。新的欧洲政治仪式产生：欧洲政治领导人在有代表性
的宫殿签署欧洲一体化的协议，年轻人在欧洲边境打破边境
壁垒。

　　政治方面，欧洲在战后时期决定了两条道路，至今对欧洲

39

40

都至关重要：恢复资本主义民主制度以及实现欧洲一体化。虽然两者在战后初期都仅在欧洲的一部分地区得以实现，但它们在 20 世纪 70 年代南欧独裁政权崩溃后得以发展，并且在 1989 年柏林墙倒塌后成为欧洲的普遍趋势。回顾来看，它们因此成为欧洲共同发展的开端。它们虽产生于分裂的欧洲，但是从一开始就是为了在整个欧洲大陆实行而设计的。

二战后恢复民主制度的西欧各国面临两种完全不同的政治局面。一方面，有悠久现代大众民主传统，只因战争中纳粹德国占领而中断数年的国家重新引入民主制度，如法国、比荷卢三国、挪威、丹麦。在这些国家，民主制度的恢复是建立在民众的广泛共识和民众积极参与抵抗运动反对德国占领的基础上的，虽然通常会产生新的宪法和新的政党，但保持了政治精英的连续性，他们在国家被占领之前已经领导过国家。这实际上也是清算纳粹占领期间叛国投敌者的过程。

另一方面，二战前民主制度很脆弱或者被独裁专制政权取代的国家也开始引入民主制度，如意大利、奥地利以及西德。民主制度在这些国家不是单纯地重返，而近似于重建，只得到了部分公众的勉强支持，也无法建立在政治精英连续性的基础上。

1918 年后，很多欧洲国家引进民主制度但是普遍失败，相比之下，二战后民主制度回归的条件要有利得多：法西斯和纳粹因为二战造成的灾难、残暴的种族灭绝以及纳粹占领的经历而声名狼藉，极右翼政党对民主制度的攻击由此无法立足。此外，与一战后不同，新的西方超级大国美利坚合众国以及其他西方盟友英国和法国，都奉行在欧洲实行积极民主的政策。它们不局限于演说，而是进行了大规模干预，特别是在民主传统基础薄弱的国家。它们建立美国和法国文化中心，创立印刷媒体和广播电台，让政治家在开启政治生涯时进行政治选择，改写中小学生的教科书以及中小学生、大学生、教师、艺术家和科学家的交流方案。一战后《凡尔赛和约》的错误，即资本主义民主国家与在战败后逐渐走向民主的国家间缺乏团结，不应再次出现。最终，民主政治家和政党从20世纪30年代和40年代严重的民主危机中吸取教训，提出了针对极右势力以及强大的共产主义政党的更有战斗力的民主概念。然而，民主制度在欧洲西部是在战后初期过后的繁荣时期才确立的。

　　另一条同样富有成效的道路是欧洲一体化。1950年以前的这段时间是决定欧洲一体化四个基本问题的重要试验时期：英国扮演什么样的角色（其作为欧洲最重要的战胜国和最富有的国家，凭借大英帝国成为欧洲唯一的全球国家，因而成为控制欧洲一体化的天生候选人，即使它只在有限的程度上参与一体化进程）；实行超国家一体化，还是如两次世界大战之间的国际联盟一样维护民族国家的自治；军事、经济和政治三者结合，还是分离；欧洲一体化是仅包括民主国家，还是也包含专制政权。在摸索学习的过程中，人们决定用三个尝试阶段解决1945年后实现欧洲一体化的这四个基本问题，如果不算1948年比、法、卢、荷、英五国缔结的纯军事同盟条约《布鲁塞尔条约》的话。

　　欧洲一体化的第一次尝试是于1948年4月成立欧洲经济合作组织（Organisation for European Economic Co-operation），其是为分配在美国的倡议下发起的马歇尔计划援助而设立的。然而，它的这种身份只存在了几年，后来成为对整个发达的西方世界负责的经济智库，因此在1961年被重新命名为经济合作与发展组织（Organisation for Economics Co-operation and Development）。经合组织只有经济目的，而完全没有超国家的权限。其成员不仅是民主国家，也包括南斯拉夫、葡萄牙等意识形态截然不同的政权。大不列颠以及英法轴心对经合组织承担主要责任。

第二次尝试是在 1949 年设立欧洲委员会。与欧洲经济共同体不同，欧洲委员会的主要目标是欧洲大陆政治和文化的一体化。英国在此也发挥了领导作用。欧洲委员会也没有超国家权力，它严格维护成员国的国家独立性，当时只有民主国家能成为欧洲委员会的成员。它在战后初期有关这方面最重要的是关于"欧洲人权保护与基本自由公约"的决定，几年之后，日后极具影响力的人权法院在斯特拉斯堡（Straßburg）随之成立。欧洲委员会成为一个常设机构，如今仍是地位仅次于欧盟的重要欧洲组织。

欧洲一体化的第三次尝试是法国外交部长罗伯特·舒曼在 1950 年倡议建立煤钢联营。与欧洲委员会不同，煤钢联营的创始成员国是法国、德意志联邦共和国、意大利和比荷卢三国，共同体不仅致力于实现欧洲经济一体化，还在政治方面致力于维持欧洲和平。它整合对战争军备至关重要的工业，将德意志联邦共和国的军火工业纳入了西方。即使在 1952 年正式更名为"欧洲煤钢共同体"（ECSC）以后，它也仍同欧洲委员会一样，只接受资本主义国家成为成员国。同时跟经合组织一样，它也是在美国的大力支持下诞生的。它是一个长远计划的一部分，是今天欧盟的前身，从两个方面采取区别于以往欧洲一体化的做法是里程碑式的转折点：煤钢共同体以法德合作为基础，不再建立在英法轴心的基础上。英国在起初以及接下来的很多年里，都不是成员国。法国被赋予了领导角色。此外，煤钢共同体是一个具有超国家权限的机构，也就是说，成员国赋予该组织超国家的权限。

战后时期由此成为欧洲一体化的试验以及创立时期：欧洲深刻的政治和道德危机是决定性的动力。危机比一战后更严重，因为二战后的经济和道德遭到的破坏更大。直到这时才出

现了能够对欧洲事务有决定性影响的新非欧洲超级大国，最终
欧洲殖民帝国的崩溃开始了。同时代的知识分子、专家和政
治家都意识到了 1945 年后的这场危机，亟须新的激进的解决
办法。

并且许多欧洲人也清楚地看到，名誉受损的民族国家个
体之间以后只有通过密切合作，才可以保护自己免受纳粹德国
这样的征服力量的影响。因此，反对纳粹占领欧洲的抵抗运动
也提出了欧洲一体化概念，不再囿于民族国家思维。而且许多
欧洲政治家和专家不希望一战后的《凡尔赛和约》和国际联盟
体系这样的反面事例在 1945 年后再出现。最后还有新的情况：
美国在二战后仍大规模参与欧洲的活动，积极持续地争取欧洲
的合并，并在此过程中对欧洲施加了相当大的政治压力和经济
压力。

总体而言，战后初期既是危机，也是重启的好时机。二战
造成的后果使各国陷入了深刻的危机，欧洲的大部分国家在这
一点上是一样的。基础设施和工厂设备遭破坏，战争死难者和
战争致残者达数百万，国家负债和通货膨胀严重，粮食、住房
和生产资料缺乏，无不导致经济衰退。数百万人被迫迁移，新
的社会不平等和紧张局势阻碍社会发展；1945 年以前独裁政
权和占领政权的镇压使文化处于荒芜状态；在政治方面，资本
主义民主更加脆弱，反殖民化和冷战开始。

但与此同时，战后时期也是一个新的开端和转变的时期，
这种转变被证实是长期的。欧洲经历了一个新的开端：经济方
面，西欧进入了由布雷顿森林货币体系和一系列世界经济组织
监管的自由化和国际化的西方世界经济，东欧引入苏联模式的
中央调控经济体系；社会方面，实行新的国家社会保障政策、
教育和医疗改革、城市规划和城市重建；文化方面，无数新的
艺术家群体和国际文化节出现，媒体迅速发展，宗教信仰重新

45

增强，知识分子积极参与公众事务，有关欧洲的辩论激烈展开；政治方面，恢复民主，制定新的宪法，组建新政党，欧洲首先在西欧实现一体化，东欧也通过共产主义统治实现了新的和平秩序，虽然仍不稳定。危机的氛围以及新的、长期的发展方针相互矛盾，并重塑了整个欧洲。

2　战后时期的差异性

战后时期的特点不仅仅是各国共同经历战后危机并重新出发，欧洲内部也存在着深刻的差异。五个新旧差异影响着战后时期：旧的差异为富裕的工业化国家和较贫穷的农业国家之间的差异、殖民帝国和没有殖民地的国家之间的差异，新产生的差异为饱受战争蹂躏的国家和免于战争影响的国家之间的差异、战败国和战胜国之间的差异（战败国现在大多由战胜国占领），以及欧洲东部和西部之间的差异。

中心国家和外围国家

在欧洲，富裕且有活力的工业社会与活力较弱的农业贫困社会之间、中心和外围之间的差距不仅存在于民族国家层面，而且存在于欧洲较大国家的内部各地区层面。差异是在19世纪和20世纪早期形成的。20世纪中期前后，富有的工业化国家包括工业革命先驱英国、瑞士和比利时，也包括在19世纪才实现工业化的国家，如德国、卢森堡以及今天的捷克、奥地利和瑞典。欧洲工业化程度较低的国家就像一个圆环围绕这个"中心"，形成"外围"。它包括欧洲最西部的爱尔兰和冰岛；南部的葡萄牙、西班牙、意大利以及包括希腊在内的巴尔干；中东欧的很大一部分，即匈牙利、今天的斯洛伐克和波兰；东欧，即保加利亚、罗马尼亚和苏联的西部地区（后来成为独立国家）；还有北欧芬兰。有四个国家脱离了这一模式，不是完全意义上的工业国家，但仍然很富有：除工业外，还拥有异常庞大的、现代化程度不高的农业部门的法国；得益于现代服务业而实现繁荣的荷兰和挪威；在现代农业经济基础上实现繁荣的丹麦。

中心国家和外围国家之间的差距不断拉大。1950年前后，瑞士、瑞典、丹麦和英国等欧洲富裕国家的人均经济产出是南欧和东欧外围国家的3~4倍。与阿尔巴尼亚或罗马尼亚等特别贫穷的国家相比，人均产出甚至高出5~6倍。1950年前后国家间的这种差异比19世纪更大。

差距不仅体现在经济生产力上。中心国家有高度发达、以薪金为基础的现代化工业和服务业，同时也有现代工会和现代的社会冲突，还经历了强劲的城市数量增长。这些国家在1950年前后已有三分之二的居民居住在城市。它们的教育制度在当时也得到了很好的发展，这很大程度上成功地消除了文盲，并促进大学教育迅速发展。大约每20个年轻人中就有一个读大学：这就今天的标准而言很少，但在当时算是很多了。

此外，19世纪末以来，富裕国家大幅拓展国家社会保险和公共卫生系统。与较贫穷的国家相比，它们提供的生活水平要高得多，人们的预期寿命也要长得多：男性平均寿命为66岁，女性平均寿命为71岁。从两次世界大战期间到战后，儿童死亡率不仅下降了一半以上，而且远远低于外围国家。因为这些原因，较富裕的国家吸引了许多来自外围国家的移民。在19世纪和20世纪，除灾难重重的德国和奥地利外，大部分经济富裕的国家已成为稳定的资本主义民主国家。

1950年前后，外围国家除了个别工业化地区，农业经济仍占统治地位。在较贫穷的国家，近60%的就业人口仍然从事农业生产，传统的家庭工作比重仍然非常高。城市的发展速

47

48 度远远低于欧洲较富裕的地区，只有三分之一的人口居住在城市。战后时期的文盲率仍然很高，从意大利的14%到葡萄牙的44%不等。大学生人数仍然较少，在这些国家只有三分之一的年轻人读大学。国家社会保障和国家卫生系统在家庭、教会和私人社会保障方面仍然微不足道。结构性失业率很高。如果生活水平有提高的话，那么也只是非常缓慢的提高。平均而言，儿童死亡率是富裕国家的两倍多，男性和女性的预期寿命比富裕国家的低5年左右。因此，过去从外围国家向较富裕的欧洲国家和美国移民的人数很多，现在依然众多。在20世纪上半叶，农业浪漫主义、批判现代化和反民主的农民政党在这些国家地位较高。这些国家直到20世纪中期一直没有稳定的民主，爱尔兰和芬兰为少数例外。

产生这些欧洲内部根本差异的原因存在争议。第一种解释认为，这是由工业结构导致的，受原材料、运输路线和潜在劳动力等因素限制，工业常在某个区域高度集中。因此，工业化进程总是导致越来越大的区域差异。战后时期仍是欧洲工业化进程的一部分。直至20世纪70年代以后，随着服务社会的实现，差异才再次缩小，就其性质而言，服务业对区域的集中程度要求要低得多。

第二种解释认为，全球网络、世界经济和知识的交流是欧洲富裕地区和国家经济崛起的决定性因素。第三种解释认为，差异的原因在于经济的区位因素。它认为区位因素（如资本

49 和创业潜力、运输和联网、人力资本、教育机构以及法律确定性等因素）在欧洲各个国家和区域的分布是不均匀的，而且这些因素解释了为什么欧洲中心和外围之间存在巨大差异。但是区位的优势和劣势会随着时间的推移发生变化，较贫穷的地区和国家也能够迎头赶上，繁荣的地区和国家也会变弱而逐渐边缘化。

殖民帝国和没有殖民地的国家

另一个传统差别，即欧洲殖民帝国与没有海外殖民地的民族国家之间的差别在战后时期有了新的含义（参见第一章第1节和第3节）。拥有殖民帝国的欧洲国家，如英国、法国、荷兰、比利时和葡萄牙，与没有殖民地的国家相互对立。后者要么失去了自己的殖民地，如西班牙、德国和意大利等，要么在历史上从未殖民过其他国家，如大多数斯堪的纳维亚国家、爱尔兰、瑞士和东欧大多数国家。

这种对比在这一时期更加鲜明：欧洲的一部分仍是殖民宗主国，同时另一部分在近代史上却有截然相反的经历，如波兰、捷克斯洛伐克、匈牙利、保加利亚、巴尔干国家、芬兰和爱尔兰，它们以殖民地的形式作为一个大陆帝国——如哈布斯堡君主国、奥斯曼帝国、沙皇帝国、德意志帝国或大英帝国——的一部分而存在。因此，在战后初期，在反对帝国的斗争中，追求国家独立对于欧洲不同的地区意味着完全相反的东西：对拥有殖民帝国的国家来说，这是对其自身殖民统治的威胁（参见第一章第3节）；相反，对欧洲的另一些地区而言，这被认为是其自身历史中的重要转折点。

欧洲殖民帝国和没有海外殖民地的民族国家之间的差异并不局限于非欧洲关系，在欧洲内部也不容忽视。这些国家的首都面貌也不一样。在有殖民地的国家，政府的殖民事务部门是重要的决策中心，它们纪念殖民英雄的纪念碑随处可见，首都有许多纪念碑让人联想到殖民英雄。军队很大程度上是由来自殖民地的土著士兵组成的，这明显地体现在国定假日的游行中。欧洲人在殖民地仍经常从事中产阶级职业，作为军官或政府官员，或者医生、作家、科学家、商人、神职人员。身在母国者与身在殖民地的欧洲人建立的亲属关系网非常紧密并且庞大。公众在政治上和文化上考虑的地域空间更大，思考远超出欧洲的范围。艺术和科学十分关注非洲、亚洲或太平洋地区，并往往赋予殖民地异域风情。

没有殖民地的国家却是另外一番景象。来自非洲和亚洲的外交官更明确地被视为陌生人，而不是这个国家统治或文化的一部分。军队完全由本国人组成。"安乐椅学问"，即在没有亲身经历的情况下对非欧文化进行研究，在语言学、宗教学和哲学中较为普遍；中产阶级的职业生涯通常不会走出自己的国家。海外的亲属关系网络通常因家人移民陌生遥远的美洲而产生，但也仅限于此，欧洲人与在殖民地工作的欧洲人之间的联系并不存在。相比于殖民国家的市民，非殖民国家的公众在政治与文化上所关注的地理空间要窄得多。

所有这些差异大多于 19 世纪和两次世界大战期间已经存在，但在第二次世界大战后加剧。一方面，欧洲殖民帝国在殖民地推行现代化政策，这与上述的欧洲国家加强经济干预密切相关。因此，欧洲人再次视殖民帝国为现代化的一部分。另一方面，东欧经历了一个新的服从帝国的过程，而这次服从的是"苏联帝国"，因此获得了新的殖民地体验。

经历战争和幸免于战争的国家

上述欧洲国家之间的两个旧差异在战后初期被第二次世界大战导致的新差异覆盖。深受战争影响的国家与基本上没有受到战争影响的瑞士、西班牙、葡萄牙、瑞典、爱尔兰和冰岛等少数国家之间，差异尤为明显。在较富裕与较贫穷的国家之间以及稳定的民主国家与独裁政权之间可以看到这种新的差异。

匈牙利、希腊、波兰、比利时、德国和奥地利等受战争影响国家明显面临新的困难局势，它们作为侵略者的同时也是世界大战的受害者，只能被抛回与一战前相同的边缘地位，或者退出欧洲最富裕国家联盟。而没有直接受到战争影响的两个较富裕的欧洲国家——瑞士和瑞典——则迎来了异常耀眼的经济崛起。它们是欧洲仅有的在1913~1950年人均经济产出翻番的国家。几乎没有一个参与战争或遭受战争打击的国家的经济可以如此迅速地崛起，即使是欧洲以外的美国和加拿大也不行。

战胜国和战败国

　　在受战争影响的国家之中，战争的结果在胜负国家之间造成了新的差异。早在战争结束时，战胜国和战败国的氛围就很不一样了。战胜国的民众在布满装饰的街道上游行、跳舞，人们敲响教堂的钟声，欢庆战争结束。后来成为德国北莱茵－威斯特法伦州州长的海因茨·库恩（Heinz Kühn）曾是比利时抵抗运动的一名士兵，他如此描写当时的庆祝情形："等待解放的人们站在窗户后面，兴奋得发抖。德国巡逻队……在城市里巡回……。不久，巡逻队也消失了，即兴打扮成白卫军（armée blanche）的人群沿街欢呼。钟声响起，墙面上贴满了国旗，比利时解放了！"在战胜的国家，几乎所有人都如释重负，迎接德国占领的结束。

　　而在战败的国家，虽也有解放和轻松下来的喜悦，但更多的是对未来的恐惧。德国联邦议院后来的主席安娜玛丽·伦格（Annemarie Renger）在回忆中描述了她当时的感受："我们所有人都处在一个有点模糊的、在希望和恐惧之间拉扯的末世氛围当中。……当知道受伤的士兵可能要在投降的日子里集合，……然后被囚禁，我像一只被关在城堡里的狗一样咆哮着，因为我意识到这场导致无数死亡和破坏的战争有多么疯狂，以及德国人面临的不可预测的后果有多么可怕。"

　　战胜国和战败国的另一个差异体现在战后对纳粹分子及

52

其合作的叛国者的处理方式上。战胜国在驱逐德国的占领势力之后就马上开始清算了。在一些国家，纳粹合作者由法院来审判，如丹麦、挪威、荷兰、比利时和捷克斯洛伐克等。而在另一些国家，如法国、意大利、波兰、罗马尼亚和南斯拉夫，出现了非常野蛮的清算，如法国的政治清洗导致 9000~10000 人死亡；意大利发生了类似内战的冲突，有 10000~15000 人死亡；南斯拉夫发生了大规模枪击事件，粗略估计有 10 万人死亡。战败国与之相反，德国和奥地利很少出现大规模的疯狂清算活动。因为那里的抵抗运动势力还太微弱，并且纳粹分子数目众多。法院要么由战胜国直接设立，如德国的纽伦堡法院，审理对纳粹主要战犯提起的诉讼；要么像奥地利那样，战败国现有法院接受委托，审理对战争罪行的诉讼。

　　西欧政治的新开端在战胜国中也明显区别于战败国。在战胜国，二战后恢复民主意味着恢复在德国占领几年内被废除的关系，战前管理过这些国家的许多政客又回来了。而战败国则发生了彻底的政权更迭。在德国，这是与合法上台的独裁统治的决裂；在奥地利是与本国独裁统治以及纳粹德国通过吞并奥地利而实现的纳粹独裁时代的决裂；意大利则打破了近四分之一个世纪的法西斯独裁统治以及短暂的德国占领政权。第二次世界大战后不久以及冷战爆发前夕，这些国家大部分民众对民主的实施持怀疑态度。盟国要找到那些没有独裁罪证、执行力强、受人尊敬且相信民主的政客并不容易。

　　不同于西欧的战败国，第二次世界大战后在战胜国频繁出现以国家福利改革为形式的新开端。战胜国同样因战争而精疲力竭，并陷入战后危机，但它们还是有改革福利的政治意愿，一部分原因是政府在战争期间承诺进行改革以补偿战争损失，另一部分原因是福利改革是这些国家被德国占领、压榨后，实现现代化方案的一项内容，还有一部分原因是这些改革能帮助因纳粹占领而失去信誉的国家机器重新赢得信任。英国、法国、荷兰、比利时、丹麦政府以及之后的挪威政府均决定实施社会福利以及教育系统和卫生系统改革。

在西欧的战败国并没有出现这样的改革，一部分是因为改革是同盟国要求的，因而遭到了部分不信任的民众和精英阶层的拒绝；另一部分是因为这些国家现有的社会福利机构，如德国的社会保险政策，起源于独裁统治之前的时代，享有一种特殊的光环，因此并没有被要求改革；还有一部分原因是实施民主制度已动用了全部改革力量，不再有余力进行社会改革。因此，在德国西部地区，在奥地利和意大利，战后没有进行类似的重大社会改革。

最后，西欧国家在战后时期对战争的记忆也有根本的不同。在战胜国，被占领时代的苦难和抵抗成为政治宣传以及政府和反对党公开谈论历史的主题。官方修建了许多纪念碑和纪念地，许多关于第二次世界大战的书籍得以出版并被拍成了电影。意大利也属于这类国家。曾受墨索里尼统治的意大利虽然曾是纳粹德国的盟友，但墨索里尼在 1943 年 7 月被意大利的法西斯政党推翻之后，意大利基本上被德国占领，并进行了抵抗。与之相反，在德意志联邦共和国和奥地利，沉默和遗忘占了上风。早期虽然也出版过有关第二次世界大战战争罪行的出版物［如欧根·科贡（Eugen Kogon）的《党卫军国家》（*Der SS-Staat*，1946 年）］，但这些出版物并没有引起广泛的公众关注。

东欧和西欧

政治上最引人注目的新反差是 1946 年开始的冷战带来的。它在欧洲既是共同的体验，也是分裂的经历。本书将在最后一节阐述冷战之为欧洲的共同经验。冷战首先引发了深刻的裂痕，使欧洲分裂了几十年之久。在战后初期，欧洲内部的对立还没有像其日后在限制人口流动、切断亲友关系网络以及生活水平、思考方式和政治文化差异等方面那般尖锐。尽管如此，战后初期仍有五道主要分界线不容忽视。

第一种对立解释了"冷战"名字的由来：军事对抗。早在战后初期，欧洲就已经形成了相互对立的两个军事集团。西方阵营首先于 1948 年签订了《布鲁塞尔条约》，随后北约在美国及 12 个西欧国家共同领导下成立（参见第一章第 1 节）。在东方，苏联领导下的共产主义国家的军事合作也很密切。然而，直到 1955 年，为应对德意志联邦共和国加入北约，它们才通过签订《华沙条约》转变为正式的军事同盟。在苏联的领导下，成员国有波兰、德意志民主共和国、捷克、匈牙利、保加利亚、罗马尼亚以及阿尔巴尼亚。

战后时期东西方军队在欧洲最重要的直接对抗是 1948/1949 年的柏林危机。此外，在此期间还有三个主要的军事事态发展，对冷战直到 1989 年都产生深刻影响：首先，美军以新的形式长期驻扎欧洲，以遏制苏联常规武装力量的优势地位；其次，美国曾在广岛和长崎投掷原子弹，向世界宣示了自己的核力量，但是 1949 年苏联第一枚原子弹爆炸成功，美国军事核垄断由此结束，核武器军备竞赛随之开始，东西方对抗进入军事平衡状态；最后，两个超级大国没有建立全球联盟，而是各自建立欧洲区域联盟，欧洲各国的关注范围由此持续缩小至冷战中自己所在的世界区域。

第二种对立在战后初期已经确定，即欧洲将实行两种截然不同的经济体制。东欧在战后初期开始没收企业家和大地主的财产，同时也没收手工业者和零售商的财产。征用不仅仅是国有化，往往也建立合作组织，甚至是将土地分配给小的私人所有者。大企业家和大土地所有者被没收财产大多是因为战争罪或通敌罪，因为此时共产主义政权一般还没有建立起来，还无法毫不妥协地贯彻实施社会主义国家经济。

在东欧，自由职业，如律师、医生、建筑师的自主权也开始受到限制。同时受到限制的还有高校和中学教师以及教会的自主权。战后时期末期，第一个五年经济计划通过，中央计划经济由此开始。相比之下，西欧在美国的驱使下，有意识地与战前以及两次世界大战之间在欧洲占主导地位的欧洲经济形式决裂，取消了卡特尔组织，通过《关税及贸易总协定》以及欧洲煤钢共同体，逐步实现了欧洲的外贸自由化。

第三道逐渐形成的政治分界线也是战后时期的重要特征：东 57
西欧在政治舆论和选举方面的反差越来越大。

欧洲的这种政治分裂也在一些西欧国家的政界引起了深刻的分歧。亲苏联的共产主义政党、对苏联怀有好感的社会主义政党及工会与反对苏联的社会民主派别、自由派别、基督教民 58
主派别和保守派别及民间社会组织之间的政治对立，尤其深刻地塑造着法国、意大利和比利时的政治生活。

东西欧社会方面的第四个分裂体现在国家福利改革中。在欧洲东部，福利国家机构、教育和卫生系统以及城市规划自上而下按照苏联模式重建，国家之间只有细微差异。在西欧则存在各种社会制度和社会改革，没有趋同的趋势。虽然英国和斯堪的纳维亚国家福利改革成为西欧新模式，与苏联模式截然不同，但这些改革模式并未在西欧被普遍采用，东西方的差异依然为西欧多样性所遮蔽。直到20世纪50年代和60年代，东西方对立才更加尖锐地体现出来（参见第二章第2节）。

第五种对立，即文化方面的冷战在战后初期就开始了。美国文化影响日益扩大，苏联由此发动了这场文化战争。它反对美国的文化模式、反对美国的大众消费、反对美国电影和美国音乐。它反对美国，怀疑美国意图摧毁欧洲的文化独立，恢复那里的法西斯倾向。在这场斗争中，苏联发起了亲苏联的和平运动，于 1948 年在波兰布雷斯劳（Breslau）举行"世界知识分子大会"并在大会上成立世界和平理事会，该理事会从 1949 年起分别在巴黎、布拉格和纽约组织了世界保卫和平大会。1950 年理事会发表的呼吁谴责原子弹的《斯德哥尔摩宣言》在东欧和西欧收集到了数百万人的签名。苏联在欧洲公众中不无成功地将自己描述为和平的力量，将美国描述为战争的驱动者。公众对苏联古拉格群岛、公开审判、反对派所受的镇压、共产党执政以及捷克斯洛伐克政变的批评声音越来越多，但当时东西欧许多知识分子仍然认为这只是一个原则上友好的活动带来的不可避免的副作用。

西欧与之相对应的最重要的事件是 1950 年一群重要的西方知识分子在西柏林组织的"文化自由大会"。英国的《文汇》（*Encounter*）、法国的《证据》（*Preuves*）、意大利的《此时此刻》（*Tempo presente*）和德意志联邦共和国的《月》（*Der Monat*）等对知识水平要求极高的杂志创刊了。美国建立"美国新闻署"（US Information Agency），对欧洲的知识生活产生了强烈影响；设立宣传美国政治文化的"美国屋"（Amerikahäuser）①，并创建了"自由欧洲电台"（RFE）。遭到苏联抵制的美国电影和爵士乐在欧洲形成了广泛的影响力。

这种文化冷战不仅导致欧洲西部和东部之间的差异，同时也导致了西欧和东欧各自内部的差异。特别是在法国和意大利的知识分子中，苏联模式的支持者和西方模式的支持者之间存在严重分歧。苏联模式支持者认为，对个人自由施加限制，为

---

① 二战后，美国在联邦德国设立多个"美国屋"作为文化和信息交流中心，增进两国友好往来并促进联邦德国的民主化建设。该机构最初由美占领军资助，后由美国新闻署接管。——编者注

实现社会进步而使用武力是不可避免的。西方模式支持者则坚持要求个人自由。一方面，部分知识分子追随强大的共产主义政党，共产党通过反对纳粹统治，在欧洲处于公共声誉的巅峰。另一方面，也有非常不同的其他群体：传统的通常对民主持怀疑态度的天主教和新教圈子；因为战争罪行及实施种族灭绝，在纳粹统治崩溃后臭名昭著，但在欧洲公众中并没有边缘化的极右势力；支持西柏林"文化自由大会"和上述知识杂志的以民主为导向的新知识分子团体。

60

　　知识分子间的关系网络和友谊也在这些冷战开始时出现的新的深刻分歧中破裂，例如1947年让－保罗·萨特和雷蒙·阿隆多年的友谊破裂了，1950年阿尔贝·加缪和萨特在《现代》（*Les Temps Modernes*）杂志上的密切合作中断了。这本应该只是巴黎知识分子之间发生的地方性事件，但它们获得了广泛的国际回应。

　　战后初期结束时，主导欧洲的是什么？是关于危机和重新启程的共同经历，还是大规模的内部对立？毫无疑问，我们不应低估欧洲危机的共同之处：欧洲战争破坏和战后危机，各地人口被迫流动，新的社会不平等，帝国的衰败，共同开始冷战的体验，还有新的发端，重建，崭新但分裂的世界经济秩序，国家福利改革和文化的飞速发展。回想起来，这些重大的相似之处往往没有得到充分的重视。当时的公众、政治家和知识分子都强烈意识到共同的危机，因此也比一战后更积极地寻求共同解决办法。

　　同时，欧洲各国在很多方面存在严重差异。旧的差异有中心和外围国家之间的差异、殖民地国家和没有殖民地的民族国家之间的差异；新的差异则有因遭受战争程度不同而导致的差异、因作为战胜国和战败国身份不同而导致的差异，还尤其有因冷战开始而导致的差异。这些深刻的差异使共同辩论、行动、协商和设立机构的筹备工作复杂化，并最终阻碍了欧洲在战后初期采取统一行动。因此，战后初期的差异和分裂比危机和新开端的共性要更突出。

61

3　战后时期全球背景下的欧洲

欧洲的战后时期从全球的角度来看是怎样的呢？欧洲的历史是否严重偏离了世界历史，它是否选择了特别痛苦的发展道路，世界上其他地方是否也有过这样的战后时期？战后时期是一段欧洲孤立于全球之外、全球经济在困境中倒退、同时欧洲的世界统治地位因二战大规模受到削弱的历史时期吗？还是欧洲在这个时期以一种特殊的方式与世界其他地区联系在一起？

与世界上的许多地方相比，欧洲的战后时期似乎是相当不寻常的。美国、拉丁美洲、撒哈拉以南的非洲、苏联或东南亚当时都没有经历类似的既有着深刻危机，又进行全面转型的历史时期。对世界上的大部分地区来说，这些年更确切地说是一个没有轰动性变革的普通时期。即使是参加欧洲第二次世界大战的非欧洲国家，也不像欧洲那样，深受战后危机的影响并同时面临全新的开始。

在美国，20 世纪 40 年代不是战后困难时期，而是一个正常的经济发展时期。数百万军人的复员并没有导致贫穷。与第一次世界大战后的形势不同，美国二战后的军事开支仍然很高，因为冷战接踵而至，美国军队并未从欧洲和东亚以及东南亚撤出。这一时期的美国也没有做出有关全新的政治和社会转

62 型的决定。最为轰动的麦卡锡主义追捕真正的或疑似的共产党人，那只是冷战暂时性的影响。因此 1945 年在美国史书中并不是一个重要的转折点。

对苏联而言，1945 年之后的年月虽然同欧洲其他地方类

似，都是处在二战灾难性的阴影之下，是一段极其困难的时期，但那并没有带来新的开始。对拉丁美洲来说，这个时期也不特别，尽管它参加过欧洲第二次世界大战，且当时的经济和文化仍与欧洲密切相关。但对拉丁美洲大陆来说，20世纪30年代的经济危机以及60年代和70年代以来的军事独裁统治，都是比40年代后期更为深刻的变迁。40年代后期，世界上只有其他三个地区经历了与欧洲类似的危机和变革时期，即东亚、南亚和中东。

东　亚

　　战后时期东亚的发展与欧洲最为相似，主要体现在五个方面。第一，东亚在战后时期同样处于帝国血腥崩溃的阴影之中。像纳粹德国一样，日本在第二次世界大战中通过掠夺和残酷镇压创立统治区，同样也只坚持了几年。虽然日本从1895年开始就对台湾，并从1910年开始对朝鲜半岛进行殖民统治，且从1932年开始在中国北方成立傀儡政权伪满洲国，但是直到1941年加入第二次世界大战之后，日本才占领了更大的空间，包括中国大部分地区以及法属印度支那、荷属印度尼西亚、英属马来西亚以及美属菲律宾在内的东南亚大部分的地区。在世界战争中失败的日本帝国崩溃后，新的超级大国美国和苏联在东南亚做出了同样的基本决策。

　　第二，在东亚的战后时期也出现了与欧洲类似的困境。类似的战争破坏使该地区负担沉重。伤亡人数同样很高：中国约有1400万人死亡，日本约有200万人在战争中死亡。在战后时期，东亚人也遭受着战争带来的身体伤残、心灵创伤，以及因战争失去家人的痛苦。东亚的城市也遭到类似程度的破坏。遭到原子弹轰炸后的广岛和饱受常规空袭之苦的东京与鹿特丹、华沙或者柏林相差无几。同样地，东亚经济也主要在交

63

通和农业方面受到打击，并面临艰苦的重建任务。东亚大部分地区与欧洲一样也出现了饥荒、住房短缺和失业问题，并有数百万人被迫在备受摧残的交通线路上进行迁移：有返乡的强制劳工、中日战俘，以及从朝鲜半岛和中国去往日本的日本难民。

第三，战后时期东亚同欧洲相似，面临一个新的开始。在美国的压力和直接干预下，日本于 1947 年出台了新宪法，实行拥有独立议院的议会君主制。并进行了彻底的国家社会保障改革，引进最低生活标准，颁布关于儿童和残疾人、失业者和工伤受害者的社会保护法。在美国的影响下，日本中小学和大学在内容和组织结构上进行了彻底的变革。

在中国，共产党在 1949 年接管政权后，与东欧一样，按照苏联模式对经济和社会进行彻底的改造。其在苏联专家的帮助下，参照苏联模式引进了五年计划、国家社会福利、国家卫生机构和教育体制，并发展重工业。

第四，在战后时期，东亚也同欧洲一样因冷战而分裂。这里同样被铁幕笼罩着，比如朝鲜半岛。不同的经济体制、社会和教育政策、文化背景之间，以及积极的群众动员和鼓励民主参与之间，开始形成与欧洲类似的竞争。冷战开始的原因与欧洲相同：在东亚，就像在欧洲一样，中国的解放战争和日本战败造成了权力真空，新的超级大国苏联和美国介入并建立了新秩序。因此，东亚和欧洲也成了两个新超级大国的势力范围。

第五，东亚和欧洲相似，各国对二战有着不同的记忆：中国、朝鲜有着关于摆脱日本统治的政治记忆，日本则试图逃避对自己在第二次世界大战中犯下的罪行进行自我剖析。

然而，战后时期东亚和欧洲的区别也不容忽视。第二次世界大战在欧洲的破坏力比在东南亚更强，造成的死亡人数明显较高，约 5000 万人。这主要是因为在欧洲还发生了因为种族主义而谋杀数百万人的大屠杀，虽然日占区也发生了极为残忍和血腥的罪行。因此，德国人道德回归所面临的外部和内部压力更大。

此外，1945 年后，东亚没有类似欧洲殖民帝国解体这样的典型战后欧洲事件。中国从未建立过现在可能陷入危机的海外殖民帝国。自 1949 年中国共产党执政以来，中国与东南亚数百万中国移民的关系变得复杂，但这并不是一场帝国危机。日本在第二次世界大战中投降，因此日本的殖民帝国已经崩溃。欧洲殖民帝国的解体也比日本帝国的崩溃更具有世界历史意义。在很长一段时间里，欧洲殖民列强统治了世界的大部分地区，影响极其深刻。相反，日本在东亚和东南亚只在相对较短的时期内为区域强国。因此，欧洲殖民帝国的衰落是一个深刻的世界性历史转折，而日本帝国的崩溃只是一个区域性的历史转折。此外，战后欧洲经济危机对当时全球经济的影响大于东亚。1950 年前后，欧洲的年经济产出约占世界年经济产出的五分之二，而东亚仅占约十分之一。欧洲在世界出口中所占的份额甚至超过总出口的一半，而东亚在世界贸易中所占的份额据估计不到十分之一。欧洲经济在全球的影响力要大得多，因为它在 1950 年前后工业化程度比东亚高得多，并且在传统世界贸易方面尤为强劲，而在东亚，并非所有国家都迎来了日本那样的工业发展。因此，战后时期欧洲的经济危机对全球经济的伤害远远超过同期的东亚经济危机。

最后，东亚战后时期没有像欧洲一样出现战后时期的新开端，即欧洲一体化。约 9000 万人口的日本和 2000 万人口的韩国以及 1000 万人口的中国台湾之间的不平等的伙伴关系，不会像与之人口数量相近的法国、意大利和德意志联邦共和国组成的欧洲煤钢共同体给法国那样，给韩国和中国台湾带来安全

66

方面的利益。因此，东亚缺乏实现东亚经济一体化的缔造和平的意识。此外，二战后的日本与韩国之间，以及日本与中国台湾之间的政治关系，深受日本殖民统治记忆的影响，以致不可能在战后几年的时间里就建立起一个经济伙伴的共同体。

南　亚

20 世纪 40 年代后期的战后岁月对南亚也有着双重意义：这是一个极其困难的时期，同时也是一个全新的变革时期。印度作为英国殖民地也卷入了第二次世界大战；印度军队为志愿军，其士兵数目扩大到 250 万左右，并被部署在欧洲、中东、非洲和东南亚地区。英国殖民政府将印度经济转变为战争经济，实行严格的价格管控和商品管理。

对印度来说，战后时期也是物资极度匮乏的时期。由于英国殖民政府解体，无法再干预，食物匮乏出现，投机商人也人为地加剧了这一状况。饥荒蔓延导致 20 世纪 40 年代后期约 100 万人死亡。除此之外，印度还经历了类似内战的局面。1947 年以来，估计有 100 万人在穆斯林和印度教教徒之间的冲突中丧生。大约有 1000 万人外逃，穆斯林逃到前殖民地的穆斯林地区以及新成立的巴基斯坦，相反也有印度教教徒逃往新的民族国家印度。

同时，战后时期也是南亚的新变革时期。印度殖民地于1947 年获得独立，这是全球反殖民化的一个关键事件。这个国家同时被划分为现在以印度教为主的印度和其西部的伊斯兰国家，即今天的巴基斯坦，以及后来以孟加拉国名义独立的东部地区。印度制定共和宪法，成为议会民主制国家。自那时起，印度从人口数量来看是世界上最大的资本主义民主国家。对世界民主史来说，战后时期是一个重要的时期，因为不仅西欧和日本建立了资本主义民主制度，印度也建立了至今仍保持稳定的资本主义民主制度。

当然，战后时期南亚与欧洲的差异也不容忽视。第二次世界大战并没有发生在作为直辖殖民地的印度领土上。因此，战后时期南亚并没有处于战争破坏的阴影之下。出于同样的原因，与欧洲和东亚不同，南亚没有因矛盾的战争记忆而导致的分裂。冷战对南亚的影响也远远小于欧洲和东亚。在南亚的土地上，共产主义和西方国家之间没有直接的对抗。印度和巴基斯坦之间的矛盾差异主要源自宗教差异，而不是因为冷战，虽然印度亲近苏联而巴基斯坦亲近美国。

此外，战后时期南亚并没有进行社会改革。在印度，代表农业浪漫主义的独立运动领袖圣雄甘地（Mahatma Gandhi）与现代主义代表人物、首任总理贾瓦哈拉尔·尼赫鲁（Jawaharlal Nehru）之间的矛盾太大，以致他们对社会改革无法意见一致。此外，虽然南亚的战后时期同欧洲一样受到非殖民化的强烈影响，但印度次大陆从另一个方面经历了这一进程，即从欧洲殖民统治者手中获得独立。此外，南亚因其紧张的宗教局势，不可能像东亚那样，通过超国家经济一体化实现国际和平。

中东和北非

对中东和北非来说，20世纪40年代后期也是具有决定性变革意义的时期。二战期间，该地区曾是一个重要的战地。英国和自由法国通过政治影响力，以及对伊朗、伊拉克、叙利亚、埃及和阿尔及利亚的军事干预，获得了对抗轴心国的支持。英国、美国和法国同德国和意大利军队之间也在北非发生战争，战争以1943年西方同盟国的胜利而告终。

不仅在北非战场，在欧洲战场，都有昔兰尼加和阿拉伯士兵加入英国军队以及阿尔及利亚和摩洛哥士兵加入法国军队参战。阿尔及利亚士兵所占比例最高，约有30万名战斗人员。北非百姓人口不仅受到战争对农村和城市运动破坏的影响，而且因战时及战后的供应不足和饥荒锐减，死亡人数至今无法统计。

战后时期给该地区带来了重要的转变：与南亚类似，战后时期也是中东去殖民化以及独立国家产生的关键历史时期，尽管这并不适用于北非。不同的是，民族主义的阿拉伯军队，就像30年前奥斯曼帝国中年轻的土耳其人一样，开始暴动夺取政权，目的是实现国家独立，实现经济工业化和社会改革，主要是基于原材料开采，特别是石油开采。1949年叙利亚发生第一次政变，在接下来的几年里又发生了许多类似的政变。然而，在战后时期，通过强大、暴力的独立运动来实现民族独立的情况仅适用于以色列，以色列建国得到了英国的合法授权。相反，暴力的阿拉伯独立运动直到后来几年才出现，或者当时暂时还没有成功，就像1945年在阿尔及利亚发生的情况那样。

该地区与欧洲之间的差异在当时也同样很明显。战争的破坏没有欧洲那么严重。贝鲁特、开罗、亚历山大、阿尔及尔和卡萨布兰卡等主要城市受到的破坏较小，战争死亡人数也不多。此外，冷战对该地区两极化的程度远没有欧洲或东亚那么严重。通过社会改革实现的政治开端仍微不足道。

然而，另一个潜在的新开端，即区域经济和政治联盟，在战后时期的中东和北非有特别好的机会。基于日益增长的泛阿拉伯政治意识和英国殖民势力的支持，该地区自第二次世界大战以来一直在筹划地区联盟，并于1945年成立阿拉伯国家联盟。

然而，并没有形成像欧洲委员会甚至欧洲煤钢共同体那样的联盟，因为阿拉伯国家不像欧洲那样因为战败和种族灭绝而名誉扫地，也不像在欧洲那样迫切需要通过经济一体化的道路来维持和平，这个地区的国家从未经历过一场毁灭性的战争。

　　总的来说，欧洲的战后时期并非特例。尽管它在当时的大多数欧洲人看来似乎是独特的，因为那些欧洲人在第二次世界大战欧洲战场遇到的、紧接着经常遇到的并将自己与之比较的非欧洲参战者，并没有经历过艰难困苦和新的变革并存的战后时期，美国、苏联和拉美都没有经历过。但在世界的其他地区，特别是东亚和南亚，一定程度上还有中东，当时也在经历着一个与欧洲相当类似的历史时期。

全球联系的脱离和紧密交织

　　欧洲的战后时期也是大多数同时代人所不知道的相互联系的时代吗？战后时期欧洲同世界其他地区的全球联系变得相互矛盾：一方面，欧洲的全球联系减弱、受阻，欧洲退回到自己的范围内，退回到与新的超级大国美国和苏联的关系之中；另一方面，欧洲继续与海外保持着牢固的联系，该联系甚至因新移民和新殖民主义现代化政策得到了加强。

　　欧洲的全球互联性衰退最引人注目的一面，是欧洲殖民帝国衰落过程中出现了新的推动力。当然，战后的这几年只是它们长期衰落中的一小段时期。伴随大多数美洲殖民地的独立，18世纪末的美利坚合众国和19世纪初拉丁美洲的大多数西班牙和葡萄牙殖民地的独立，这一过程就已经开始了。与第一阶段的去殖民化相对抗，19世纪和20世纪早期发生了新一波的欧洲殖民扩张，欧洲殖民列强瓜分东亚和东南亚、非洲和中东，后来在19、20世纪交替之际，美国在西班牙殖民地菲律宾进行殖民扩张，日本在中国台湾和朝鲜进行殖民统治。与此同时，英国殖民帝国已经开始了第二次但有限的去殖民化，即英国殖民地加拿大、澳大利亚和新西兰以及南非作为自治领独立。在战后时期，作为去殖民化最后阶段的第三个阶段开始

71

了，并基本上在 20 世纪 70 年代初完成。

在去殖民化的漫长历史中，战后时期是一段短暂但至关重要的时期。世界上有三个地区在这几年中出现了特别引人注目的去殖民化过程。在南亚，英国结束其对直辖殖民地印度的殖民统治，随之产生印度（1947 年）、巴基斯坦（1947 年）和斯里兰卡（1948 年）三个独立国家，去殖民化变得不可逆转。在东南亚，去殖民化进程大幅推进，受南亚邻国去殖民化的直接影响，英国殖民地缅甸在 1948 年取得独立，菲律宾于 1946 年从美国的殖民统治中独立出来，印尼 1949 年在美国的压力下，通过反对荷兰的血腥独立战争实现去殖民化，在法国殖民地印度支那境内，1945 年越南民主共和国（北越）成立，1953 年柬埔寨独立，同年老挝也获得独立。由此到战后初期末尾，即 1950 年前后，东南亚只有一个很小的部分仍由欧洲殖民列强控制——越南南部（在那里法国被卷入了一场与北越的殖民战争），以及同样是殖民地起义战场的英国殖民地马来西亚。

在中东谈不上去殖民化，因为在该地区几乎没有任何欧洲殖民地。但是伴随其作为国际联盟托管地期限的结束，欧洲霸权的影响力明显减弱：1946 年叙利亚和黎巴嫩结束法国的托管；约旦于 1946 年从英国的托管中独立；英国撤出伊拉克占领区，该区在 20 世纪 20 年代已经实现独立，1941 年被英国以实现新的君主统治为由短期占领；最后，1948 年轰动性地违背英国托管当局的意愿建立了以色列独立国家。战后，法国在中东地区影响力的下降尤为明显。相反，英国政府继续寄希望于通过与阿拉伯国家签订条约来控制维护英国安全利益的石油生产，将阿拉伯国家与北约（NATO）绑在一定。直到 20 世纪 50 年代，英国在该地区的影响力才迅速下降（参见第二章第 3 节）。

从整体上看，战后的这几年在全球范围内是去殖民化方面取得决定性突破的时期，因为在这之后的时期，人们不再谈论欧洲的世界统治，而只是谈论欧洲的区域统治。毋庸置疑，欧洲殖民帝国此时只存在于与欧洲相邻的北非和撒哈拉以南的非洲。

战后欧洲殖民帝国的崩溃有多个原因。第二次世界大战削弱了殖民列强的统治声望。纳粹德国对大多数殖民母国的占领和日本对东南亚欧洲殖民地的占领（日本以反殖民解放力量自居），使殖民地人民看到了欧洲列强的弱点。在第二次世界大战期间，这些强国还依赖殖民地和自治领的帮助，特别是它们的士兵和货物，从而使殖民统治升级。法国流亡政府有时甚至直接从北非殖民地采取行动。

此外，世界公众及殖民地大城市对在殖民地大量投资的发展政策呼声越来越高。但也是在此时，除比利时外，各殖民大国均因二战而负债累累。由于这些原因，殖民地的精英阶层和其他公众都希望获得更大限度的独立。1941年，美国和英国签署的《大西洋宪章》曾承诺殖民地将实现国家独立。欧洲殖民统治者虽并不感觉受到这一承诺的约束，但殖民地引以为据并要求独立。此外，个别的独立运动，如圣雄甘地领导的印度独立运动，尤其鼓舞了这些独立运动。

战后去殖民化进程中，除了直接的参与主体，即殖民列强和殖民独立运动，还有第三方也发挥了重要作用。18世纪晚期从英国统治下独立出来的新超级大国美国，经常为殖民地的独立而奔走，虽然不是每次都这样。1941年的《大西洋宪章》最初是由美国创立的。根据这一宪章，新成立的联合国应将管理欧洲殖民地作为其任务。美国于1946年宣布其殖民地菲律宾独立，但确保了自己进入菲律宾市场的唯一性，并将菲律宾纳入西方联盟体系。此外，在印度、印尼以及印度支那独立问题上，美国分别向英国、荷兰和法国施压。然而，当美国自身的全球经济利益或政治利益在冷战期间受到牵连时，美国的态度则变得消极。

战后的第二个新超级大国苏联也在去殖民化中发挥了重要作用，特别是在东亚和东南亚。在其影响下，1949 年毛泽东领导成立了中华人民共和国，结束了欧洲和日本在中国的影响（中国香港和中国澳门除外）；1945 年越南共产党在越南北部发表独立宣言，马来西亚和印度尼西亚也发起独立运动，虽以运动失败和没有取得政权而告终。

然而，欧洲与全球联系的倒退并不局限于去殖民化进程。战后初期，仅是自第一次世界大战以来就长期持续的、欧洲与全球联系的缓慢减少的非全球化时代的一部分。尤为重要的是，1945 年后欧洲贸易处于一个特别低的水平。1913 年世界出口额有 65% 来自欧洲，而在 1950 年，当再次出现经济复苏的迹象时，这一比例仍仅为 46%，1973 年为 53%。战争导致的运输系统的破坏尤其阻碍了对非欧洲国家的出口。第二次世界大战结束后，几乎所有欧洲沿海国家的现有船舶吨位都远远低于两次世界大战期间的吨位。

在二战期间和战后时期，欧洲的全球资本也大幅下降，因为欧洲资本被欧洲战时经济和战后欧洲的重建吞噬了。欧洲和全球外部世界之间的旅行也变得不那么频繁，因为许多欧洲人再也负担不起欧洲以外的商业、亲情和旅游，旅行变得不再简单。欧洲与外界的交流沟通也减少，与两次世界大战期间相比，西欧和东欧许多国家的信件流量（虽然不是电话话务量）和跨洲通信数量大幅下降。

与美国和苏联以外的非欧洲国家相比，欧洲国家现在更倾向于把自己封闭起来。解决欧洲和国家内部的问题是它们的首要任务，如经济、政治以及战后的心理重建、维护欧洲内部的和平、建立新的欧洲国际组织、制定新的国家宪法。冷战也使许多欧洲人的视野变窄。

一些知识分子认为欧洲在危机痛苦中是自我孤立的，很少注意到东亚和南亚以及中东地区有类似的困境："这并不奇怪，"作者克劳斯·曼（Klaus Mann）在1949年写道，"在我们同时代的人中，欧洲知识分子是最有危机意识的。与其他大陆的同伴相比，他们在智力上也更加清醒和紧张。"另一些知识分子固守着旧的欧洲优越感，坚信所谓的"世界其他地区"无足轻重。在世界历史上，瑞士历史学家卡尔·迈耶（Karl Meyer）认为，人们可以"忽略各种文明，如在中美洲和南美洲的前西班牙帝国或印度以及东亚文化，因为今天我们星球的文化是以欧美文明的霸权统治为特征的"。所有这些都表明，当时的欧洲人更加关注自己，当然不仅出于自愿，而且受经济紧急情况所迫。

但是，与此同时，欧洲除了与新超级大国美国和苏联的联系之外，在战后时期也有着新的全球联系。欧洲出现了距离现在最近的一波基本上已被遗忘的大规模移民潮，其规模绝不逊于19世纪的移民潮。战后，数以百万计的欧洲人离开了他们的大陆，其中包括数量极多的奥地利人、德国人、比利时人、荷兰人、丹麦人和芬兰人，以及数量同样众多的英国人、西班牙人和葡萄牙人。据估计，仅在1948年的高峰时期，就有80万~90万欧洲人迁至海外。

这波移民潮背后有许多截然不同的动机：从被毁、贫困的欧洲逃往受战争影响小得多且更富裕的美洲国家，不希望或无法返回家园的前集中营囚犯和被驱逐的战争者寻找新的家园，欧洲崩溃的右翼独裁政权的当权者和帮手秘密逃亡，与美国士兵结婚而移民。这种大规模移民建立起了欧洲与海外的新桥梁，但主要是与美洲的桥梁。

新的相互联系也带来了相反方向的移民，即被纳粹政权赶出欧洲的流亡者的回归。一些人永久或暂时地返回欧洲。其他人则从新的非欧洲生活中心与欧洲建立了新的联系。然而，这种洲际的相互联系在很大程度上仅仅局限于美国和拉丁美洲，另外，在欧洲，很大程度上局限于讲德语的国家，也部分地局限于前纳粹德国占领的国家。

二战后，一些欧洲殖民国家仍感觉与海外有着强烈的联系，要么是通过殖民地的现代化新政策以及当时与殖民地之间特别重要的贸易往来，要么是完全另一种境况，即通过殖民战争以及由此重新唤起的对欧洲的情感，来建立这种联系。去殖民化使欧洲与海外联系分离，同时也创造了新的联系。许多欧洲人从独立的殖民地回到他们原来的大陆，他们在生活方式、价值观和生活愿景方面，甚至他们后来的职业生涯，都仍然与前殖民地保持着联系。

此外，独立殖民地的新一代本土精英往往仍以前殖民宗主国为导向，消费其产品，讲欧洲语言，阅读欧洲书籍，观看欧洲电影，送子女到欧洲的中小学和大学读书。欧洲殖民地或前殖民地的当地居民也开始向欧洲移民。1948 年，第一艘载有数百名来自英国前殖民地牙买加的土著移民的船只——"疾风号"——在伦敦靠岸，引起了公众的广泛关注。

二战后迅速成立的全球组织：联合国及其下属组织，尤其为来自中立国家和西方国家的欧洲人提供了一个新的全球行动平台。这些国家在这些组织中所起的重要作用比在后来的各个时期都要大。挪威人特里格韦·赖伊（Trygve Lie，1946~1952）担任第一任联合国秘书长，英国人朱利安·赫胥黎（Julian Huxley，1946~1948）担任第一任联合国教科文组织总干事，另一个英国人约翰·博伊德·奥尔（John Boyd Orr，1945~1948）担任第一任联合国粮食及农业组织（FAO）总干事，比利时人卡米尔·格特（Camille Gutt，1946~1951）担任首位国际货币基金组织总裁。

全球公民社会组织也常常由欧洲人领导：例如，瑞士人卡尔·雅各布·布克哈特（Carl Jacob Burckhardt，1945~1948）和保罗·吕格（Paul Ruegger，1948~1955）先后领导了国际红十字委员会（ICRC），瑞典人埃米尔·桑德斯特伦（Emil Sandström，1950~1959）自1950年起担任红十字会与红新月会国际联合会的主席。欧洲人另一个有全球影响力的领域是世界范围内的科学组织，比如后来对自由经济学家产生极高政治影响力的朝圣山学社（Mont Pelerin Society），该学会成立于1947年，由奥地利经济学家弗里德里希·冯·哈耶克（Friedrich von Hayek）领导；世界历史学家组织国际历史科学委员会（CISH）主席是瑞士人汉斯·纳布霍尔茨（Hans Nabholz，1948~1950）和法国人罗伯特·福蒂埃（Robert Fawtier，1950~1955）；1949年成立的国际社会学协会（ISA），在由美国人领导十年后，分别在1959年和1962年由法国人乔治·弗里德曼（George Friedman）和英国人托马斯·汉弗莱·马歇尔（T. H. Marshall）担任主席。

总的来说，战后同时代人很难看出，欧洲在这个时代的全球联系是否正在减弱，或者联系甚至可能被欧洲自己切断，也很难看出欧洲是否在经历了种种动荡之后，仍然像以前一样，和世界其他区域保持着紧密的联系。不过，当人们回看的时候，答案似乎清楚一些：新的移民浪潮和流亡者的回归，联合国全球组织为欧洲人提供新的活动领域，殖民地推行现代化政策，自我孤立的独裁政权和占领区政权垮台后欧洲重新开放——欧洲由此出现了一些令人惊讶的更加紧密的全球联系趋势。

但总体而言，欧洲与全球联系的弱化趋势更明显：由于战争，欧洲与世界其他地区的许多经济联系被破坏了。如同人们常说的那样，去殖民化使欧洲失去了许多全球联系。自身困境的逼迫、殖民战争几乎全数失败的经历，以及欧洲人相对于世界上其他"落后""乏味"地区的传统优越感，使欧洲人逐步远离除美国和苏联外的非欧洲世界。因此，从一战开始的欧洲去全球化在二战后以一种新的方式继续进行着。

80

第二章
繁荣与冷战（1950~1973 年）

1　繁荣时期的新共同点

20 世纪 50 年代，一个与战后初期对比极为明显的全新时代开始了。战后初期经济不景气的状况结束了。一个繁荣的新时期开始了，后来人们甚至欣然给这个新时代命名为"黄金时代"［埃里克·霍布斯鲍姆（Eric Hobsbawm）语］、"黄金三十年"［让·富拉斯蒂耶（Jean Fourastié）语］、"第二次法国革命"［亨利·芒德拉（Henri Mendras）语］。德国人以及意大利人通常也称其为"经济奇迹"。

这一繁荣时期不是突然开始的，不是所有欧洲国家和欧洲人都有这样一个时期。但是在 20 世纪 50 年代的时候，其轮廓越来越清晰、明朗。这一时期随着 60 年代末和 70 年代初两次大动荡而结束：人们对未来的乐观态度转变了，也不再痴迷于未来规划；1973 年第一次石油危机象征着一个持久的经济困难时期以及一个新的政治时代开始了。繁荣不仅出现在经济和社会方面，在政治和文化方面，这也是欧洲历史上一个极不寻常的时期。

经济方面

繁荣时期经历了欧洲从未有过的，以后可能也不会再有的非凡经济增长。在长达 25 年的繁荣时期里，西欧的经济实际以平均每年 4%~4.5% 的速度增长；东欧的增长率较低，但也达到了

3.5%（估值也有高达 5% 的，但这一数字可能过高了）。如此高的增长率，在这个时期之后的很长一段时间里，几乎只在欧洲以外的地区出现过。唯有东欧的几个国家在 1989/1990 年的动荡之后，才再次出现如此迅速的经济增长，但持续时间要短得多。

然而，伴随这种高经济增长的是如今恐怕无法再承受的较高的通货膨胀率。在西欧较大的国家中，1950 年至 1973 年，物价平均每年上涨幅度超过 4%，国家之间有很大的差别，比如德意志联邦共和国为 2.7%，法国为 5%。在东欧，差异甚至更大，1950 年至 1973 年，捷克斯洛伐克、德意志民主共和国和波兰的物价几乎完全稳定，这主要是由于波兰工人抗议活动造成了国际压力。相反，在南斯拉夫，物价在 1950 年至 1973 年几乎翻了一番。

繁荣时期与 19 世纪和 20 世纪早期相比，最重要的不同是，大多数当时较贫穷的欧洲外围国家和地区也迎来了经济繁荣，如芬兰和爱尔兰、伊比利亚半岛、意大利南部、希腊和东欧。这些国家和地区的经济增长起步较晚，通常在 20 世纪 60 年代才开始，但仍然可以说，经济繁荣是整个欧洲的共同经历。

对于该时期的经济繁荣，第一种解释将其视为经济周期中的上升期。最晚自 19 世纪中叶开始，每一个长的经济周期，即所谓康德拉季耶夫周期（Kondratieff-Zyklus）分别持续 40~50 年。在经历了 20~25 年的繁荣之后，会紧接着出现同样漫长的经济增长混乱时期。之前的繁荣时期有 19 世纪 50 年代和 60 年代，它因 19 世纪 70 年代初期股市崩盘而结束；还有 19 世纪 90 年代和 20 世纪最初 10 年，它因为第一次世界大战而结束。然而，这一解释并不能完全令人信服，因为它并不能解释，为什么 20 世纪 50 年代和 60 年代的经济增长远远高于以往的繁荣时期。

第二种解释，即经济结构断裂说，突出强调了 1950 年前后的特殊情况，也就是国家经济政策中的重大转折。例如德国的货币改革；两次世界大战之间的保护主义经济政策于1945年后在全球范围内经历的转变；美利坚和平（pax americana）下的国际经济自由化；还有劳动力的大规模流动，以及战后时期非常高的投资率。这一结构断裂理论很好地抓住了这个时代的非凡特质，但很难解释为什么东欧和西欧国家经济政策如此不同，却仍能引起类似的经济异常增长。

第三种解释认为，20世纪50年代和60年代的繁荣是向经济正常增长的回归，这是由生产要素的长期发展决定的。欧洲经济由于两次世界大战以及两次大战之间国家封闭的灾难性经济政策遭到严重破坏，因此向下偏离了这条正常的增长路径，不再能发挥其增长潜力。因此，经济在50年代和60年代以短暂的高增长率弥补滞后的实际经济表现，使之最终保持正常的速度增长。这一论点也对解释50年代和60年代的异常繁荣做出了很大的贡献。但是，人们对于是否真的存在一种预先确定的长期增长路径仍保持怀疑。

20世纪50年代至70年代初的经济高速增长带来的经济影响远远超出了经济范畴。它加速了就业的变化，并导致欧洲在这25年里从农业经济占主导地位的农业社会演变为工业社会。要知道，与许多历史书描述的相反，欧洲在1950年前后整体上仍然主要是农业社会，尽管许多欧洲国家在19世纪已经发展成工业社会。1950年前后整个欧洲（土耳其和苏联除外）仍然有6600万人从事农业生产，而只有6100万人从事工业生产，服务业从业人员只有5400万。相反，到1970年前后，欧洲已经成为一个工业社会：有8300万人从事工业生产，8000万人从事服务业，从事农业的只有4100万人。

经济繁荣的另一个影响是劳动力需求巨大。1960年前后欧洲国家的平均失业率降低至令人羡慕的3%，但在西欧内部存在很大的差异。共产主义东欧则不同，就如同共产主义往往消灭失业，东欧国家官方也正式消除了失业现象。失业跟其他共产主义国家一样，由官方普遍正式消除，这在欧洲是个特例。对劳动力的强劲需求带来了多方面影响。欧洲很多地区，特别是北部和东部地区的妇女就业率有所提高；至少在西欧工业化国家，来自欧洲外围国家的劳工移民急剧增加，这得益于政府与地中海国家签订的征聘合同；此外，对熟练劳动力的需求是扩大中等教育和高等教育的一个主要推动力。

产生重要影响的还有繁荣时期收入和工资的异常增长，以及大多数欧洲人在这一时期难忘的经历。在此之前和之后，实际收入和购买力都不曾这样增长。据估计，在 1950 年至 1970 年，法国的实际收入翻了两番，联邦德国和瑞典为以前的三倍，意大利和英国也翻了一番多。根据经济合作与发展组织（OECD）的数据，1960 年至 1973 年，大多数西欧国家工业领域的实际工资每年增长约 5%。在匈牙利，实际工资在 1950 年至 1973 年翻了一番。同样，在民主德国，工业总收入在 1955 年至 1975 年翻了一番，生活费用略有增加。这种发展不仅与当时大多数欧洲人所经历的两次世界大战之间的时期相比是不同寻常的，与当时的非欧洲工业社会相比也是如此（参见第二章第 3 节）。

繁荣的另一个深远影响是公共部门的税收和公共预算经历了异常强劲的增长。1950 年至 1973 年各地的财政预算名义上大幅增长，但实际差别很大。在斯堪的纳维亚国家，财政预算大约增加至原来的二十倍，在奥地利至少增加到十倍，在法国、意大利和德意志联邦共和国以及其他西欧国家也至少增加到了五倍。各地的财政预算增长远远快于经济表现。因此，1973 年在西欧，国民生产总值中国家支出所占的份额是 1950 年的 1.5~2 倍。遗憾的是，现在并没有关于东欧国家预算的相关数据。

这些不断膨胀的政府收入被政客们用来在六个领域扩大政府活动：第一，政府的社会保障支出大幅增加，并成为欧洲政府预算的新焦点；第二，教育支出扩大，用于中小学和大学建设；第三，用于医院和卫生管理的公共卫生支出也有所增加；第四，城市、道路以及公共交通系统的扩建也导致公共经费增加；第五，由于政府活动的增加，公共人员管理费用整体大幅增加；第六，在冷战时期，军费开支也大幅增加。

这个繁荣的时代也以其非凡的增长树立了新的标准。从此，欧洲人的脑海中就有了突出的增长率，并以此来衡量自己所处时代的经济增长状况。19 世纪和 20 世纪初期，对于欧洲来说，2% 的经济增长率已经算得上经济繁荣。然而，在经历过繁荣时期之后，这样的增长便显得平淡无奇了。

尽管历史学家们给这个繁荣时期起了响亮的名字，但其负面影响也不容忽视。例如，经济的强劲增长带来的环境污染，工业中心和人口集中地区危害健康的空气污染，受污染的河流和湖泊，被破坏的森林，工厂、汽车运输和家庭能源浪费导致的巨大能源消耗，以及随着收入的增加，却没有相应获得更健康、更均衡的饮食机会。

另一个消极后果是，人们开始天真地相信，统一人类生活的规划会给人带来幸福：建造巨大、完整的住宅区和街区，但它们常常因为规划不当、交通和城市服务管理不善而导致孤立；城市内部和跨区域交通系统极端扩张，却全然是为驾车出行设计的；建造大型医院、中心学校和大学，却管理困难，病人和医生、中小学生和大学生、教师和讲师都能在里面走失；实施按计划进行的、极端单调的新的工作分配形式，有毁掉人与工作联系的危险；在没有相应的移民政策下，实施被事实证明是错误的大规模招募外国工人的劳工计划；建立与人民不再亲近的庞大的国家行政机构。

经济繁荣还使人们产生了对未来的不切实际的期望，从而造成了繁荣结束后痛苦的失望：期望实现完美的经济管理，期望东欧通过中央计划经济或是西欧可以通过反周期经济政策来避免经济危机和失业，期望通过不断提高的生活水平以及日益完善的应对个人生活危机的保障增进个人的幸福。应对危机和解决危机似乎不再是社会学习的优先选择。

此外，繁荣时期除了有许多赢家，也有输家：不得不放弃农场却没有获得新就业机会的农民；被大规模工业产品边缘化的手工业者；消费商业化过程中无法生存的商人；来自农村，在繁荣时期仍找不到新工作的难民和流离失所的人；因战争和去殖民化而失去工作、无法适应繁荣时期社会变化的人；认为其社会地位和公众对其工作的兴趣受到繁荣时期价值变化威胁的神职人员和知识分子。

社会方面

繁荣时期欧洲共同经历的新的社会发展相比于战后初期也有着深刻的变化。战后的困境、人们被迫通过破败的运输系统进行迁移的现象、社会的反常状况以及当时特殊的社会不平等现象减少。人们无须再共同承担苦难，而是共同迎来新的繁荣。因此，新的社会冲突不再是争夺极度稀缺的商品和服务的零和博弈，而是在整体快速增长的繁荣中出现的分配和价值冲突。

整个欧洲在这一繁荣时期实现了向大众消费社会的转变。它的起源虽可以追溯到两次世界大战之间，但主要发展是在这一时期实现的。当然，向大众消费社会的转变并不是同时在所有地方实现的，较富裕且购买力较强的工业化国家先于南欧或东欧共产主义国家实现了这一转变（参见第二章第 2 节）。

大众消费社会有许多共同特征：标准化的大众产品逐渐取代了手工业、农业以及家庭作坊的个体定制产品；消费者要习惯在尺寸、颜色、品味和质量的标准化分类中做出选择；在大众消费社会的早期，选择范围往往还很小。此外，大众消费还促成了社会、区域和国际的标准统一。

以前，消费常被用来区别其他国家、区域或社会环境，但现在这些社会差别已发生根本变化。国家或地区消费品已在国际上实现商业化：意大利南部的披萨与法国奶酪如此，下层阶级的足球运动和上层阶级的葡萄酒也如此。拥有电视或汽车、女人有化妆品或男人有西装、出国旅行，等等，都不再是与他人区别的社会界限了。现在在消费、汽车品牌、化妆品类型或出国旅游目的地等方面的"细微"差异变得更为重要。而有时候，这些细微的差异只有内行人看得出。

现代大众消费也意味着商业化。消费者失去了与生产者、裁缝、木匠和农民的直接联系，家庭生产越来越少。相反，超市、百货公司和购物中心越来越普及。商业化也意味着销售方式的不同：广告虽不新鲜，但其使用频率提高了。消费研究比以前彻底得多，还采用了民意调查的新方法。时尚潮流意味着对消费品风格化，使其成为时尚或者生活方式，这也使流行的时效性比以前更短了。还创造了新的消费群体，比如青少年和儿童。

随着大众消费的出现，私人家庭预算也发生了变化。食品和服装等必需品的支出相对来说大幅下降。新的消费领域出现：家用电器方面的开支，即购买洗衣机、冰箱、搅拌机和咖啡机；用于新信息、娱乐、通信和运输方面的开支，如用晶体管收音机替换普通家庭收音机，购买黑胶唱片机、电视机、电话和汽车；住房开支扩大，如购买带有儿童房和父母卧室并配套床和柜子的更大的公寓，为起居室配备沙发、扶手椅、壁橱、灯具和窗帘，以及安装新的卫浴设施。

图2 大众消费与新繁荣：奥地利某超市货架爆满

与此同时，大众消费在欧洲也受到知识分子、教师和神职
90 人员的大规模批评。各个不同的政治流派都对新物质主义、社
会关系丧失、社会等级制度衰落、杰出个人威信丧失和社会日
益美国化进行了批判。

另一个社会方面的新发展体现在家庭及其与外部世界的
联系上。然而，繁荣时期的这一发展是矛盾的。一方面，战后
经历了许多波折之后，人们更倾向于回归家庭生活。离婚率和
婚外生育虽然没有回落到两次世界大战之间和第一次世界大战
之前的水平，但也重新下降了。这段繁荣时期是结婚的高峰时
期。在此之前和之后，欧洲人结婚的比例都没有如此高过。受
91 此影响，婴儿出生率提高，形成一股婴儿潮。

现代大众消费同时加剧了家庭向内部的回归。人们不再在
公用的地方洗衣服，而是在家里用洗衣机洗。面包是从面包店

买来的，而不再用公用的面包房烤。由于路上的交通越来越拥挤，孩子们也不能在外面随意玩耍，只能越来越频繁地退到儿童房里。因为有了冰箱这样的大众产品，日常购物所需的许多社会关系也变得不必要了。汽车这一新型的交通工具通常只能乘载一家人。假日旅行这一大众消费的重要组成部分，通常也是在一个亲密的家庭圈子里进行的。

从家庭公寓狭窄的空间中逃脱出来的必要性越来越小，因为父母和孩子各有卧室，这确保了个人隐私；他们还有了各自的晶体管收音机，取代了共同的家庭收音机。关于家庭的公开辩论也进一步推动了这种向传统家庭的回归。各国政府及其家庭事务厅、各政党和家庭专家、教会、大多数媒体以及广告都对核心家庭的理念进行宣传。

当然在繁荣时期家庭也是对外开放的。出生和死亡越来越多地发生在医院，而不是在家里。家庭的私人空间更频繁地向客人开放：有沙发和扶手椅的新客厅是父母孩子组成的核心家庭的空间，同时也是更大范围的家庭圈、朋友圈和邻居、客人的空间。随着妇女就业人数的增加和从幼儿园到大学教育体系的拓展，母亲和孩子花在家庭以外的时间更多了。许多年轻女子在结婚前就因为学业原因与父母分开生活。老年人往往与他们子女的家庭分开，居住在他们自己的家里或养老院里。尽管家庭仍然是重要的基点，但家庭成员的关系因分开居住而发生了变化。因此，繁荣时期不仅仅是回归传统的封闭家庭，它同时也打开了与外部的联系。

另一方面，繁荣时期还改变了就业状况。它不仅将失业率降至史无前例的水平，还将工业就业推高至前所未有的水平。并且它还带来了三个长久性的变化：在两次世界大战之间在个别公司中产生的复杂劳动分工，现在得到进一步的促进，特别是在工业方面；当时认为很时髦的内容单调的工作，变得越来

92

越多；公司内部的等级制度，以及非技术工人和半技术工人、技术工人之间，雇员和管理阶层之间的界限，因此变得更加分明了。

此外，传统的家庭经济，即所有家庭成员在一个农场、一个手工工场、一个店铺或者一个运输企业，没有工资，通常也没有职业培训，置身于劳动力市场之外，没有社会保障，没有劳动纠纷，受制于家庭权力关系和家庭观念环境的共同劳动形式，在很大程度上被经济繁荣吞灭了。家庭经济衰退，对失业的保护也消失了，因为此前失业者往往仍然能够在家庭经济领域找到工作。因此，在经济繁荣时期结束后，官方登记的失业人数大幅上升。此外，终身从事一种职业，甚至在一家公司工作的现象变得更加多见。自经济繁荣以来，这种职业生涯越来越被视为正常的履历。

在经济繁荣时期，对工作的社会争论充满了矛盾。在东欧和西欧，当时的工业经济被大多数人视为经济发展的最终目标和工作发展历史的终点。这反映了人们对繁荣时期的积极态度。另外，少数人认为服务业会有更美好的未来。工作环境中的人际关系会更加紧密，个人的发展也有更好的机遇。当时非常成功的经济学家让·富拉斯蒂耶在《20 世纪的伟大希望》（*Die große Hoffnung des 20. Jahrhunderts*）一书中描述了这一愿景。

在繁荣时期，欧洲也经历了继 19 世纪工业化时代之后的第二次大规模的城市扩张。在 20 世纪 50 年代和 60 年代，最终欧洲整体实现城市化。据联合国估计，1950 年前后还只有 45% 的欧洲人生活在城市，而到 1970 年，城市居民人口已经占到了 58%，成为多数。当时城市仍在欧洲各地发展，在传统工业社会之外的南欧、中东欧、东欧和东南欧的发展速度也特别快。

在这一时期，一种新的城市愿景开始主导欧洲城市规划风格：规划空间大，并严格按照功能划分住宅区、工业区和商业区。人们所期望的城市不再是由带有脏乱后院和繁复外立面的密集街区组成的，而应该有分布松散、光线充足、空气流通、功能区分严格的高层建筑或农村郊区定居点，甚至应建成"花园城市"，并可发展大规模交通和通信，有更多私家车和电话投入使用。这种新的城市规划与维多利亚式、奥斯曼式和威廉二世式的城市风格背道而驰，也与欧洲当时仍十分典型的中世纪城市布局和建筑样式背道而驰。两次世界大战之间就已在公众中享有盛誉的城市规划者和建筑师，如勒·柯布西耶（Le Corbusier）和包豪斯建筑事务所主任格罗皮乌斯（Gropius）等知名人士，急于在城市规划中实现这些愿景。繁荣时期也的确是欧洲公共城市规划的全盛时期。

94

在繁荣时期，欧洲政府利用雄厚的财政资金大规模建设福利国家。西欧和东欧的社会支出都大幅增长。关于西欧国家的情况，我们掌握着更精确的数字，其社会支出占国民生产总值的比例从1950年的约9%增长到1973年前后的约18%，这是一种非凡的增长，在此之前和之后的历史时期都没有可以与之相比的。在这一时期，国家社会保障制度的一个新的分支，即失业保险，在西欧大多数国家得以牢固确立。西欧受国家社会保障制度保障的工人比例大幅增加，东欧则几乎很快涵盖了所有的就业人员。在福利国家制度的快速扩张背后，欧洲大多数政党非同寻常地达成了广泛的政治共识。

欧洲的社会不平等也发生了根本性的变化。随着战后时期的结束，旧的社会阶级环境差异并没有直接地再次显现。尽管西欧和东欧之间存在重大差异（参见第二章第2节），但我们仍可看到两种泛欧社会发展。一方面，西欧和东欧的收入与财富不平等状况都有所缓解。低收入人群所占比例提高，而高收入者所占比例下降。在东欧，这在很大程度上是因为实行了集中的中央政府计划，但因为对较高职位给予了大量的补贴，这种平衡作用又有所抵消。相反，在西欧，出现这种发展趋势的原因是社会对劳动力和更高的劳动技能的需求十分庞大，高素质的毕业生供过于求，而且农业生产力和收入大幅提高、工会权力扩大和现代福利国家制度建立也让农村贫困程度下降。

另一方面，欧洲在这一经济繁荣的年代里产生了一种新的社会不平等，即便它在随后的历史时期才对整个欧洲产生影响：新移民和本土居民之间的不平等。在西欧，移民主要流向工业国家。当时移民还主要来自南欧外围国家或地区，如葡萄牙、西班牙、意大利南部、南斯拉夫和希腊，但也有部分来自地中海沿岸的非欧洲国家或地区，如马格里布地区和土耳其。此外，在西欧也常有来自衰败的殖民帝国的移民。最后，西欧还有不能被低估的第三类移民：来自东欧的难民。

而在东欧地区，移民主要前往波罗的海国家、乌克兰和白俄罗斯，他们主要是俄罗斯苏维埃联邦社会主义共和国里的俄罗斯人。还有其他移民移入东欧，例如希腊内战期间成千上万的儿童移民，或是来自与苏联结盟的第三世界国家的移民。与西欧类似，向工业中心迁移是最重要的移民趋势，这导致欧洲东西部都出现了新的社会不平等。一般来说，这些移民和本土居民之间的社会不平等在繁荣时期尤为明显。在这一时期，移民的住房和收入状况、受教育机会、医疗卫生条件和社会包容状况都相当差，因为几乎完全没有促进移民融入当地社会的政策。

繁荣时期是工会的鼎盛时期。工会在整个欧洲的成员数目在当时达到了顶峰，但欧洲北部、南部和东部有不同的趋势。这一时期工会的权力比 20 世纪上半叶大得多。它们在有社会主义或社会民主主义政府执政的西方国家的影响力尤其大，因为它们在当时往往仍与这些政党保持着密切联系。而在保守政府和自由政府当权的欧洲国家，工会的谈判能力也超过了20世纪上半叶。在东欧，工会具有重要的公共职能，当然这种职能受到政府的严格控制，并且不像西欧工会那样拥有独立性。

在当时，亦即欧洲工业社会的鼎盛时期，工会在工业劳动力中仍有稳定的社会基础。因此，它们在公共领域特别活跃，相比之下其他社会运动的影响则弱得多；而且它们也有覆盖范围甚广的媒体。5月1日是整个欧洲工会运动的纪念日，各地举行了大规模的示威和庆祝活动。在一些欧洲国家，工会自己甚至拥有商业企业，例如住房和消费公司。但是工会在国际上以及在国家层面是处于分散状态的，因为在冷战期间，以及在面对亲教会的和世俗化的工人群体的对立时，人们往往各自组织起工会。直到1973年繁荣时期结束时，欧洲工会联盟才成立。当然，工会联盟不过是一个协调机构，而且仅限于西欧。

伴随着工会的大规模公共参与和强大的政治影响力，西欧经济繁荣时期的劳资纠纷也有了特殊的发展。相比于世纪之交至20世纪30年代的罢工浪潮以及战后初期短暂的罢工高峰，如果我们以损失的工作日数来衡量，那么罢工的频率实际上有所下降，尽管在不同的西欧国家之间存在着巨大的差异。

造成这种下降的主要原因是实际收入的急剧增加，以及现代福利国家的建设和工会在经济增长阶段的强大谈判能力。罢工之所以变得少见，也是因为没有必要为工作条件恶化而进行大规模且往往是自发的防御性斗争了，毕竟光是声称要罢工就足以影响国民收入的增长了。直到20世纪70年代初繁荣时期结束，欧洲的罢工频率才再次显著提高。

另一个重要的社会发展状况是欧洲社会之间联系加强。虽然在缺乏技术支持和政治便利的情况下，国际交流和商贸往来仍很困难，但是欧洲各国社会的国际接触已经出现增长的势头。对来自其他欧洲国家的汽车、食品、服装和玩具的消费增加了。意大利、南斯拉夫和法国的餐馆在其他欧洲国家数目增多。与其他欧洲人结婚也变得越来越普遍。

移民到工业化国家的人数大大超过之前和之后的历史时期，这种情况尤其将这些西欧国家与欧洲南部外围国家联系起来，一定程度上也与地中海伊斯兰国家联系起来。在西欧，外国人占总人口的比例从 1950 年的 1% 上升到 1970 年的 3%。与此同时，国际学生流动性迅速增加；境外旅游人数，特别是从北到南的旅游人数也变多了。如此一来，欧洲人中有相当一部分被欧洲大陆其他国家视为移民、留学生、游客或商务旅行者，而不再像第二次世界大战时那样被视为士兵、囚犯、被驱逐者或难民。

文化方面

文化领域在 1950 年和 1970 年间同样经历了根本性的变化。这一时期有六个共同的重要文化发展：价值观的变化；代际冲突；知识分子如日中天，但高雅文化所扮演的角色也发生了改变；随着大众电视的兴起，媒体发生了根本性的变化；欧洲文化的"美国化"；欧洲开始实施文化政策。

价值观变化。欧洲人对未来持有的新乐观主义代表着公众辩论和社会观念发生了深刻突破。虽然并非所有欧洲人都认同未来乐观主义的观点，但它对公众的确产生了巨大影响。传统上人们对欧洲持怀疑态度。这种新乐观主义相信人类会拥有更好的未来，即不仅技术会有进步，而且经济会更加繁荣，个人会更加幸福，暴力现象会减少。当时人们对未来持乐观主义态度是因为人们相信自己能够对剧烈的社会变革、灾难和不幸进行规划和控制，并且相信自己有全新的能力创造属于自己的社会。

　　然而，也有许多欧洲人持怀疑态度。"一个前所未有的世界正在美国出现，"德国未来学家罗伯特·荣克（Robert Jungk）在 1963 年写道，"它是由人设计，最大限度地预先计划和管控，并且根据进展状况不断加以'改进'的造物。它有独特的美，也有独特的恐怖。"一门新的学科——未来学——诞生了，它专门研究未来，不是为了像 19 世纪那样研究出进化理论，而是要做出有经验支持的可靠预测。对未来的乐观展望广泛体现在文学作品、电影和科普书籍中，且通常视美国或苏联为未来的榜样。与 19 世纪和 20 世纪初不同的是，大多数欧洲人不再把欧洲视为世界上最先进的大陆，也不再把欧洲视为世界其他地区的榜样。

　　这种对未来的乐观主义也导致了 20 世纪 50 年代和 60 年代社会和政治价值观的变化。价值观念在许多方面发生了变化：虽然家庭继续被视为个人生活的支柱，但诚实、宽容、责任感和社交礼仪等家庭教育目标取代了顺从、无私、节俭和耐心等旧的价值观念。女性就业，包括母亲的就业，与离婚、单亲家庭和婚姻出轨一样，获得了更高的接受度。工作仍然是个人生活的第二大支柱，但劳动价值观也发生了变化，人们追求在工作场所有更多的共同决策权，而不是单纯地完成任务；追求更高程度的自我实现和良好的工作气氛，即不仅追求可观的薪酬，也期望自己的工作成绩得到认可。

　　随着世俗化发展，以及教会成员、定期做礼拜者和宗教节日的减少，宗教价值观也发生了变化。政治公民的自我认知也发生了变化。对家人以外的人信任增加了，这同样体现在对个人政治行为的信任上，特别是请愿和示威；但在广泛意义上，对公共机构的不信任也加深了，不仅不信任警察、军队和司法机构，也不信任教堂、媒体、议会、工会和大企业。这种价

99

100

值观的变化在大多数年龄层很明显，在较年轻的群体中尤为典型。而这究竟是繁荣时期富裕的结果，还是应社会运动、媒体和知识分子的要求而发生的，是存在争议的。价值观的改变出现在大多数欧洲国家，但并不是所有欧洲国家（参见第二章第2 节）。

代际冲突。价值观的变化不是一场无声的革命，而是在冲突中发生的，特别是在年青一代和年长一代之间。代际冲突在欧洲意义重大，其最新阶段恰恰发生在繁荣时期。然而，代际冲突也会随着时间的推移而发生改变，西欧的情况也与东欧不同。在 20 世纪 50 年代和 60 年代初，年青一代和年长一代的差别主要是他们有着不同的生活方式和消费方式，有着不一样的音乐偏好、服装和聚会场所，阅读不同的书籍，拥有不同的价值观，部分年轻人还通过不同的哲学观念区别于年长的人。在 50 年代，新一代的年轻人被称作 "die Halbstarken"（吵闹的人）、"blousons noirs"（黑色夹克）、"Teddy Boys"（泰迪男孩）和 "Exis"（追随存在主义哲学的人）。美国和法国的摇滚、爵士酒窖和夜店、韦士柏牌踏板车和摩托车、黑色毛衣、衬衫和夹克是 20 世纪 50 年代生活方式的标志，流行音乐、牛仔裤、迷你裙、嬉皮生活方式、避孕药、更自由的性以及 "要做爱，不要战争"（Make love，not war）之类的格言则是 60 年代的标志。

到了 20 世纪 60 年代末，代际冲突又有一些不同的特征：它虽然依旧关乎文化、新的共同生活和新的教育方式、年轻人新的性生活方式和家庭生活方式，但还关乎政治，关乎更大的公民参与权，关乎更高效的公共管理，关乎对高校事务的共同决定权，关乎对政府的挑战。年轻人通过游行、占领高校、（在意大利和法国）支持大型罢工、对第三世界的解放运动表示同情、拒绝越南战争、援引年长一代排斥的理论等方式来挑战政府。在一些国家，年长一代曾参与右翼独裁统治，因而那里还存在对过去的清算，人们还会与那些仍在世的、甚至仍有广泛影响力的当事人进行辩论。尽管各国之间存在差异，但在西欧和东欧都出现了国际联系密切的学生政治运动。

这一时期，几代人截然不同的经历和价值观念是造成代际冲突的决定性因素。老一辈人在世界经济危机和世界大战中经历了多年困苦和深刻的个人危机，在战争中失去家人和家园，即使幸存也无法正常生活；还有无数人有过从军、被俘、被驱逐的经历。在欧洲的大部分地区，很多人曾是专制政权和右翼独裁政权的青年组织成员，这样的经历对他们产生了深刻的影响。相反，青少年和年轻的成年人完全没有这些人生经验。他们经历的是日益增长的繁荣，是和平的、非暴力的、到处可见的重建以及教育状况日益改善的社会现实。

老一代在危机和困难中学会节俭，对大众消费持怀疑态度，密切团结家庭、社会或教会环境，以及对自己的重建成果感到自豪，对独裁时代保持沉默；这些行为对年青一代来说却往往是陌生和不可理解的。他们与老一代相比更能看到重建的缺陷。快速的社会变革在年青一代看来是很正常的，他们追求更好的教育、更多的消费和更多的自由，而老一代人大多满足于当时取得的成就。繁荣时期和日益增强的购买力也为年青一代提供了足够的空间来选择自己的生活方式，决定如何建立自己的家庭。然而，需要注意的是，代际冲突自 19 世纪末以来在欧洲就很普遍，老一辈人在自己的青年时代也经历了与其长辈的代际冲突。因此，20 世纪 50 年代和 60 年代的代际冲突实际也是发生在预定路径上的。

知识分子和高雅文化。与战后初期一样，繁荣时期也是欧洲知识分子的鼎盛时期，他们当时仍然与传统的印刷媒体保持紧密联系。巴黎在摆脱纳粹德国占领和第二次世界大战结束后，重新成为欧洲思想文化的中心。20 世纪 50 年代和 60 年代，在战后初期的著名知识分子（参见第一章第 1 节）之外，又出现了新一代的国际知识分子，如保罗·策兰（Paul Celan）、弗朗索瓦·特吕弗（François Truffaut）、马克斯·弗里施（Max Frisch）、弗里德里希·迪伦马特（Friedrich Dürrenmatt）、埃利亚斯·卡内蒂（Elias Canetti）、塞缪尔·贝克特（Samuel Beckett）、亚当·沙夫（Adam Schaff）、莱塞克·科拉科夫斯基（Leszek Kolakowski）、英格博格·巴赫曼（Ingeborg Bachmann）、君特·格拉斯（Günter Grass）、海因里希·伯尔、约瑟夫·贝兹（Joseph Beuys）和罗伯特·哈夫曼（Robert Havemann）。

对知识分子而言，繁荣时期欧洲公众不断增长的购买力无疑是重要的：他们的书和杂志销量比以前好了。冷战也使人们更加关注知识分子以及他们在东欧和西欧与政府的对立。一方面，冷战也是一场文化战争，双方的知识分子都被各自的政府操纵；另一方面，知识分子往往反对政府逮捕，致力于缓和与对手的关系并且促进相互理解。米洛万·吉拉斯（Milovan Djilas）、罗伯特·哈夫曼和罗杰·加罗蒂（Roger Garaudy）等知识分子的行为，以及知识分子对冷战的分歧，在欧洲公共社会掀起了轩然大波。

103

与此同时，知识分子衰落的原因也出现了，他们自己在这一时期也强烈地抱怨过。电视这一新的媒体不仅要求人们采用全新的表达方式，呈现采访中观点尖锐的片段——这往往变相突出了误导性的言论，还导致知识分子在公众中丧失影响力。随着党派和协会官僚作风日盛，知识分子的影响力也有所下降，现在需要的是有专门知识的学者，而不是对许多议题有渊博见解的通才型知识分子。

此外，媒体带来的信息密度是知识分子和艺术家的角色发生转变的另一个原因。传授常识的高学历知识分子和作家逐渐被持怀疑态度的知识分子取代。这些知识分子主要揭示了政治和社会的弱点和两面性，或者通过怪诞的行为吸引公众的注意力，比如画家萨尔瓦多·达利（Salvador Dalí）就尤擅此道。

媒体。大众电视的流行从根本上改变了欧洲媒体和欧洲文化。电视在 20 世纪 30 年代已经出现，60 年代以来才在西欧流行，直到 70 年代才在东欧流行，因为欧洲人在当时才有了购买这种媒介的能力，并且政府也是在当时才有预算资助电视技术。电视很快成为领先的新媒介，但它并没有直接取代其他媒介，只是看电影的人数减少了。

相反，尽管电视带来了激烈的竞争，但广播电台、报纸和杂志、书籍和戏剧的数量仍继续增长。因为所有这些媒介都对特定的观众有吸引力，例如广播电台能迅速吸引特定地方和区域的听众，吸引对文化感兴趣的人，吸引家庭主妇或青少年。与电视不同，新的晶体管收音机还可以被携带到任何地方使用。图书方面，低价平装本、专业书籍以及犯罪小说取得了巨大的成功。报纸和杂志方面，针对年轻人的《喝彩》（*Bravo*）和《你好，朋友》（*Salut les Copains*）以及面向女性的《碧姬》（*Brigitte*）和《她》（*Elle*）大获成功。

此外，大部分由政府或政党控制的、几乎到处都可收看的公共电视，很难发挥像私人报纸和杂志那样的作用，即作为新的政治"第四力量"（Vierte Gewalt）批评政府，揭露腐败，将政治丑闻公布于众。报纸和杂志这种批判政府的角色也会引火烧身，其中德国的《明镜》周刊事件就是一个突出的例子，但它并非个例。

电视的推广有着重要的社会和文化影响。如果没有电视、收音机和唱片，青年文化在 20 世纪 50 年代和 60 年代就不会有如此强大的发展，无论是摇滚音乐还是后来的流行音乐，都不会成为青年文化的核心元素。广播和电视加速了个性化进程，因为这些媒介报道了不同的生活方式和价值观，让人们更容易找到适合自己的生活方式。相比于其他媒介，电视对家庭日间安排、晚餐时间和晚间活动，甚至下班后家人的相聚、交流都产生了更强烈的影响。

然而，媒体的国际化或欧洲化还没有发生，国际媒体只有几个：欧洲电视网（Eurovision，1954）、美国军中广播电视网（AFN）和新的私人音乐频道卢森堡电台（Radio Luxemburg，1957）。公共电视和广播以及私人印刷媒体仍主要将覆盖范围设定为国内，面向本国观众。

文化美国化。此外，在繁荣时期，西欧文化继续"美国化"，但它同样继续遭到许多欧洲知识分子的强烈质疑。第二次世界大战以来，美国不仅在消费方面，而且在大众文化方面，特别是在青年文化方面影响越来越大。欧洲摇滚乐很大程度上受美国的影响，只有法国和英国产生了自己的摇滚乐，但其在欧洲大陆还不能真正与美国的抗衡。在受众群体小得多的、颇受知识分子喜爱的爵士乐中，美国的影响和与美国音乐家的交流同样起了很大作用，欧洲的爵士音乐家也总能发展出自己的风格。20 世纪 50 年代以来，美国画家在卡塞尔文献展等当代艺术大型展览上的影响力也比以往大得多。在媒体方面，美国的影响力特别大。尽管美国媒体公司在欧洲除 AFN 和自由电台（Radio Lieberty）外，几乎没有任何印刷媒体、广播电台或电视台，并且美国大众电视、电影的胜利也尚未到来，但是欧洲媒体采用的杂志型节目（the magazine show）、脱口秀（talk show）、问答节目（quiz show）、采访（interviews）、漫画（comics）和明星专场等电视节目形式，无不证明了美国媒体的强大影响力。

科学，特别是在社会科学方面，也受到美国的强烈影响。在德国和意大利，第二次世界大战后社会科学的重建主要基于美国模式；在其他西欧国家，例如未来学这门新学科，科学领域越来越以美国模式及其众多的精英大学为导向。被纳粹政权驱逐到美国的欧洲学者，一些在美国当地或者返回欧洲后获得了教席，如柏林的恩斯特·弗伦克尔（Ernst Fraenkel）和理查德·勒文塔尔（Richard Löwenthal）、慕尼黑的埃里克·沃格林（Eric Voegelin）、弗赖堡的阿诺德·贝格施特雷瑟（Arnold Bergstraesser）；一些则担任科学管理者，如在巴黎的克莱门斯·赫勒（Clemens Heller）。他们均在欧洲有着极大的影响力。对拉尔夫·达伦多夫（Ralf Dahrendorf）等年轻的欧洲科学家来说，在职业生涯之初到美国深造的现象越来越普遍。

欧洲文化政策和欧洲辩论。在 20 世纪 50 年代至 70 年代初期，欧洲自己的文化政策才初步形成。成立于 1957 年的欧洲经济共同体起初没有自己的文化政治雄心。然而，欧洲委员会为自己设定了创造欧洲文化空间的目标。1954 年以来，它定期在不同地点举办大型艺术展览，并召开欧洲古迹保护会议，1954 年通过了《欧洲文化公约》，致力于高层次艺术、古迹保护和教育方面的合作，并成立教科书委员会，打破了教科书由各国自己主导编制的情况。

此外，1954 年，欧洲运动（European Movement）的重要参与者瑞士哲学家丹尼·德·鲁热蒙（Denis de Rougemont）

106

与法国政治家和欧洲煤钢共同体发起者罗伯特·舒曼创立了欧洲文化基金会，为欧洲艺术家提供了少量预算资金。丹尼·德·鲁热蒙和罗伯特·舒曼也参与了上文提到的欧洲电视网的建设，那并不是一个独立存在的欧洲电视节目。总体而言，此时的欧洲文化政策影响有限。

在战后初期相当活跃的"欧洲"辩论明显减少了。部分原因在于知识分子感到失望。他们认为欧洲煤钢共同体和欧洲经济共同体的技术官僚风气太重，地理影响范围太受限，文化导向太弱，上层干预太多，欧洲委员会的决定权太小。此外，"欧洲"的概念在冷战时被分裂为"西方"和"共产主义地区"。"欧洲"作为一个整体，似乎只不过是一场历史回忆，就此刻而言也不过是一场思想实验。

政治方面

在政治层面，欧洲在 20 世纪 50 年代至 70 年代初有五个特点：资本主义民主政体在西方、共产主义政权在东欧实现稳定；政治暴力减少；经济与社会以计划为导向，专家重新享有政治声誉；冷战局势固化；欧洲一体化开始。

政治秩序的稳定。20 世纪 50 年代和 60 年代，除了西班牙、葡萄牙和希腊等仍然没有实行资本主义民主制度的南欧国家，西欧的民主基本得以稳定。20 世纪 20 年代和 30 年代以来，欧洲似乎逐渐克服了严重的民主危机。即使在曾经面临民主危机、独裁者于 20 年代和 30 年代合法掌权的国家，即德国、奥地利和意大利，此时也有许多民主得到巩固的迹象：人权基本上得到尊重，议会选举合规举行，新闻自由虽在德意志联邦共和国 1961 年《明镜》周刊事件期间陷入严重危机，但仍得以证明其存在——被捕的记者被释放出狱并由宪法法院恢复其名誉。曾在纳粹统治期间任职或活跃行动的政治家、公众人物受到越来越多的公众批评，在新的职位上举步维艰。极右政党出人意料地处于边缘地位。各个政治阵营中都出现了规模庞大、实力雄厚的民主党派。德国和奥地利形成了具有强大宪法法院的宪法文化。

很少有人再为"强大的国家"辩护了，这种主张在战后时期的议会民主党派中遭受极大质疑。20世纪60年代末以来，新的社会运动激活了民主政体，并将年青一代的思想理念带给了政治公众。他们为民主政体的稳定做出了贡献，因为政府最终学会了如何更好地处理冲突，并且成功地将年青一代融入民主政体。然而，民主还将面临恐怖主义的考验。总体而言，60年代和70年代是民主面临挑战并实现稳定的时期，是西欧的第二个民主建立时期。

同样，东欧的共产主义政权在困难重重的情况下也稳定了下来。与西欧不同，东欧虽然出现了被苏联军队镇压的三次重大危机——1953年在民主德国、1956年在匈牙利和1968年在捷克斯洛伐克，还发生了局限于当地的抗议——例如1953年在捷克斯洛伐克的皮尔森（Pilsen）、1956年在波兰的波兹南（Posen）以及1970年在但泽（Danzig），但是在这些地区，危机发生之前和之后，都有很大一部分人即便不认同当局，却仍通过向政府请愿和局部抵抗等方式来改善自身状况。

西方资本主义民主制度和东欧共产主义专政的稳定既有共同的原因，也有不同的原因。第一个共同的原因是经济的高速增长带来异常繁荣。在经历了两次世界大战的严重破坏和贫困以及20世纪30年代的大萧条之后，这种繁荣的增长对欧洲人来说意义尤为重大。第二个共同原因是西欧和东欧社会保障制度的建立。医疗保健、住房、对残疾人和老年人的照护以及教育系统取得了比以往任何时候都更大的改善（相关差异参见第二章第 2 节）。此外，冷战时期的制度竞争也推动了西方和东方国家社会保障的完善。

同时，团结的理念和外部的压力也促进了资本主义民主政体和共产主义政权的稳定。然而，这两个因素在西欧和东欧有所不同。没有外部帮助，资本主义民主政体，特别是西欧以前受过独裁统治的国家，很难取得政治稳定。西方同盟国的民主政策为战后初期这些国家的公众接受民主价值观做出了巨大贡献。西方国家间的许多交流项目在 50 年代和 60 年代继续进行。与第一次世界大战后不同，盟军致力于在德国、奥地利和意大利建立民主制度。

与之相比，在东欧的社会主义国家是通过苏联的外部军事援助来实现稳定的。

暴力减少。20 世纪 50 年代和 60 年代政治暴力的减少是欧洲历史上又一个惊人的突破。它结束了从第一次世界大战开始，在两次世界大战之间持续发生的灾难性政治暴力浪潮，德国、意大利、西班牙、奥地利、匈牙利、南斯拉夫、波兰、波罗的海国家、爱尔兰、希腊以及土耳其和许多欧洲殖民地都经历过这种类似内战的情况。第二次世界大战使其达到高潮，但暴力的时代并没有在 1945 年突然结束。战后，法国、意大利、南斯拉夫、波兰、匈牙利和罗马尼亚针对战时叛国者发生暴动事件，直到 50 年代，政治暴力才大规模减少。

造成暴力减少的原因有很多。首先是因为第二次世界大战的杀戮、城市轰炸和平民大规模死亡造成的毁灭性破坏带来了惨痛经历。欧洲有 1900 万平民在二战中丧生，占战争死亡总人数的很大一部分。这次经历比第一次世界大战要令人印象深刻得多。其次，战争期间欧洲政治暴力的主要角色，即民族社会主义和法西斯主义在 1945 年后出局了。这种思想挑起战争，造成破坏，犯下战争罪行，实施种族灭绝，在第二次世界大战中彻底失败，名誉扫地。崩溃政权中的许多施暴者逃离了欧洲。

111

再次，欧洲剩余的很大一部分潜在暴力因素从欧洲转移到了殖民地。最初投入越南战争，后来也参加了阿尔及利亚战争的法国海外军团有很大一部分由德国、奥地利和意大利士兵组成。最后，尽管冷战没有减少政治暴力的可能性，但它使之从有持续内战危险的内部冲突转化为共产主义阵营与西方阵营之间的外部政治冲突。

二战之后，一些欧洲国家的高犯罪率以及异常高的自杀率可以被理解为从政治暴力到犯罪暴力以及私人暴力层面的转变。在战争中，许多家庭的父亲战亡或者成为俘虏，在这些长期缺失父亲的欧洲家庭中，纯粹的母亲教育一定程度中断了暴力从一代男子向下一代转移的渠道，从而减少了暴力倾向的扩散。

社会和经济规划。在 20 世纪 50 年代，政治领域以及专家和知识分子之间存在一种规划上的狂热，这种倾向在 60 年代更为显著。早在 1949 年，哲学家卡尔·雅斯贝尔斯就断言："在整个世界，规划问题都使精神振奋。""计划的解决方案对我们意味着解放"，亨德里克·布鲁格曼斯（Hendrik Brugmans）——一位有影响力的欧洲政治家在他的回忆录中写道。在世界各地，各国政府都声称要实现国家社会现代化，带领国家摆脱战争和纳粹占领的消极后果，克服两次世界大战间隔时期的失职，并通过规划使之更为高效。政府得到了经济学家、社会学家、建筑师和城市规划者、未来学家和 IT 专家的支持，约翰·梅纳德·凯恩斯（John Maynard Keynes）

112 负责经济治理,夏尔－爱德华·勒·柯布西耶负责城市规划,冈纳·缪达尔(Gunnar Myrdal)负责社会规划。这些专家声称能够预测和管理经济与社会发展,对政治产生了强有力的影响。

这种计划狂热并没有只停留在言语上。法国在 1946 年就成立了一个强大的 "le plan" 国家规划团队;荷兰于 1945 年成立 "中央计划办公室"(zentrales Büro),计划在斯堪的纳维亚国家也产生强大的影响力;在英国,重工业被国有化,因此受制于国家规划。20 世纪 60 年代末,联邦德国通过了经济、城市和教育的中期计划。40 年代末 50 年代初以来,东欧国家按照苏联模式制订五年计划,并严格按计划发展经济。计划狂热并不与特定的政治制度相关,而是同时存在于资本主义国家和共产主义国家(不同之处参见第二章第 2 节)。

这种计划狂热有不同的根源。它建立在两次世界大战之间规划热潮的基础之上,当时还只有少数建筑师和城市建筑商、经济学家和福利制度专家对此怀有热情。同时,这也是对 20 世纪 30 年代 "大萧条" 的逆反。人们回望历史时认为,如果当时各国进行国际干预,大萧条本能得到缓解。计划的乐观态度还建立在第二次世界大战的经历之上,在第二次世界大战中同盟国和轴心国通过调控调动了巨大的人力和资源潜力。此外,规划的狂热还与国家在经济繁荣时期有非同寻常的回旋空

113 间有关。当时人们能够通过控制学,后来还能通过计算机信息技术掌控复杂的过程以及处理大量数据,这些也是相关因素。

冷战。欧洲在 20 世纪 50 年代至 70 年代初,和世界上大多数其他地区一样受到冷战的影响。然而,"冷战" 一词只适用于欧洲历史,只有在欧洲,冷战真的 "冷"。在世界其他地区爆发了真正的战争,有典型的国家战争,如朝鲜战争,还有

游击战，如越南战争。然而，在欧洲，冷战在这段时期也有了相当大的发展，其中四个变化引人注目。

第一，冷战在繁荣时期对欧洲的影响强度并不总是一致的。在20世纪50年代，冷战在欧洲政治中非常活跃。1948/1949年西柏林封锁和1948~1950年南斯拉夫冲突发生之后，1953年民主德国和捷克皮尔森危机、1956年匈牙利危机和波兰波兹南危机导致了美国和苏联之间的对抗加剧。1958苏联威胁将西柏林并入民主德国引发了第二次柏林危机，1961年柏林墙的修建导致美苏双方的坦克在柏林对峙（不过只是象征性的），但并没有引发美国的暴力干预，欧洲仍然是冷战的中心。

欧洲的这些冲突是当时除20世纪50年代初法国印度支那战争和1962年古巴导弹危机外冷战中最重要的事件。然而，在柏林墙建成后，冷战的关键事件并没有发生在欧洲，如果不考虑1968年苏联及其盟友镇压"布拉格之春"的话。1961年以后，欧洲成为美国和苏联全球对抗中相当冷清的区域。

第二，冷战的经济形势在繁荣时期发生了巨大变化。在其最初阶段，即20世纪40年代末50年代初，不断迅速增加的国防开支也是对经济的一种刺激。虽然朝鲜战争主要给欧洲西部提供了强大的经济推动力，但对美国而言，情况亦是如此。可是战争持续的时间越长，冷战的经济后果就越明显。欧洲西部和东部之间货物、资本和劳动力交换方面固有的密切经济关系受到严重限制。欧洲国家离铁幕越近，受到的影响就越严重。情况极为特殊的西柏林在民主德国中犹如孤岛，因而其经济只能通过高额补贴来挽救。

而且美国长期在军备方面的高支出对该国经济造成了压力。不管怎样，欧洲大多数经济体在繁荣时期的军备负担要小得多，经济增长快于美国。苏联也为其在东部的霸权统治付出了代价。由于军备造成巨大的经济负担，它无法消除"帝国"

114

内部不同地区之间在生产力上的差距。冷战让欧洲人——尤其是为两个霸权大国——付出了高昂的经济代价，这种印象在繁荣年代越来越深，使双方进行军备限制乃至裁军谈判的意愿越来越强烈。

第三，重大变化还体现在两个超级大国的军备竞赛中，这场军备竞赛从战后初期延续到 20 世纪 60 年代初，是冷战中的典型事件，尤其体现在威力无穷、破坏性极强的核武器的研制上。早在 1949 年，苏联第一颗原子弹试制成功，美国就此失去了其维持数年的核垄断地位。1952 年美国引爆了极具破坏力的氢弹，紧接着苏联也引爆了氢弹。美国开始建立一支配备核武器（这样的核武器美国在 1957 年已有 1800 件）的轰炸机联队，紧接着苏联在 20 世纪 50 年代也拥有了自己的结构类似的轰炸机联队。50 年代中期以来，双方建造和调试核动力潜艇来发射核导弹，这也几乎是同时进行的，美国在时间上稍微领先。同样从 50 年代中期开始，两个超级大国的陆军几乎同时配备了战术核榴弹炮，这种榴弹炮射程短，但破坏力巨大，主要部署在欧洲。约 1960 年以来，双方也几乎同步建造配备核装药的洲际导弹武器库。

此外，双方同时建立了导弹防御系统，苏联时间稍微领先。双方均部署了"二次核打击能力"，即特别受到严密保护的核武器，用于在遭敌方首轮核袭击后予以核回击。从 20 世纪 60 年代起，美国在军备中越来越多地使用计算机程序和微芯片，在这一领域，美国一直保持着相对于苏联的巨大领先。军备竞赛惊人的同步性，在很大程度上是因为特勤局高效的军事间谍活动。这种间谍活动虽也常常导致误判，但在很大程度上维持了军备竞赛的平衡。

直到 20 世纪 60 年代初，两个超级大国才开始意识到，他们之间若爆发热战，将会造成难以想象的破坏，而军备竞赛最终不会给他们任何一方带来真正的好处。1963 年，美国总统约翰·菲茨杰拉德·肯尼迪（John Fitzgerald Kennedy）在美利坚大学（American University）发表了一篇被广泛引用的演讲，他在演讲中痛斥核战争给美国和苏联带来的自我毁灭的危险，并提议双方进行谈判。同年，针对 1962 年古巴导弹危机的经历，当时已经处于核战争边缘 13 天的两个超级大国便设立了"红色电话"，实现超级大国首脑之间的直接接触，以避免错误发动战争。

1963 年的《禁止在大气层、太空和水下进行核武器试验条约》是美国、苏联和英国之间的第一项条约，是达成谅解的一个重要切入点，但并没有对军备竞赛产生直接影响。1968 年的《不扩散核武器条约》也是缓和关系的一个重要里程碑，但其结果只是限制了核大国的圈子，还没有为美苏之间的军备竞赛踩下刹车。直到 20 世纪 70 年代军备竞赛才真正受到制约（参见第三章第 1 节）。

第四，在 20 世纪 50 年代和 60 年代，欧洲与霸权国家的关系也发生了变化。在 50 年代，东欧和西欧与各自的霸权国家关系最为密切，因为当时欧洲受冷战的影响尤为严重。致力于使欧洲摆脱超级大国束缚的"第三势力"运动在 50 年代减弱，对政府几乎不再有影响力。1955 年，英国首相温斯顿·丘吉尔在斯大林死后违背美国政府意愿，急于与苏联在日内瓦进行谈判，但并没取得任何成果，也没有对美国的霸权产生真正的影响。而且南斯拉夫从苏联东方阵营撤出恰恰是斯大林推动的，并非违背了他的意愿。

然而，20 世纪 60 年代，在受冷战事件的直接影响变小，冷战经济代价愈加明显时，欧洲对霸权国家的抵制开始增强。1960 年，法国总统夏尔·戴高乐（Charles de Gaulle）试验了自己的原子弹，并违背美国的意愿，建立了法国自己的核力

量 "force de frappe"（打击力量）。他还违背美国意愿，否决英国加入欧洲经济共同体的申请，宣称欧洲的视野从大西洋延展到乌拉尔，其中似乎包括苏联，但不包括美国。1963 年他还与德意志联邦共和国签署了《爱丽舍条约》，以此激怒美国。此外，与美国的政策相反，他于 1964 年在外交上承认了中华人民共和国。最重要的是，他于 1966 年终止了在北约的军事合作，并迫使北约将总部从巴黎迁至布鲁塞尔。

1969 年当选的德意志联邦共和国总理维利·勃兰特（Willy Brandt）制定并实施了独立的东方政策，最初艰难地赢得了美国尼克松政府的支持，并最终与其合作促成了一系列"东方条约"的签订。1973 年，考虑到阿拉伯国家在第四次中东战争（又称"赎罪日战争"）中可能抵制石油，爱德华·希思（Edward Heath）首相领导下的英国政府也开始与美国的政策保持距离。最终美国政府宣布 1973 年为"欧洲年"。同年年底，美国国务卿亨利·基辛格（Henry Kissinger）在经历与西欧盟友的争执之后，称这一年是"从未有过的一年"（the year which never was）。

类似的对苏联霸权的抵制不是出现在欧洲，而是出现在东亚，且程度更甚于美国与法国戴高乐政府之间的冲突。另外，在欧洲，苏联 20 世纪 50 年代和 60 年代也在上文提到的民主德国、波兰、匈牙利和捷克斯洛伐克的危机中遭到了东欧人民的抵抗。

欧洲一体化。繁荣时期的欧洲一体化进程虽然只涉及几个西欧国家，但它为后来欧洲大陆地理意义上更全面的联盟奠定了基础。因此，人们在讨论共同的欧洲发展时，要研究欧洲一体化的问题。在繁荣时期，欧洲一体化可以分为五个阶段：先是煤钢共同体成立最初几年的起步阶段，接着是 1954 年欧洲防务共同体失败后的短暂危机时期，继而是 1957 年签订《罗马条约》以及复苏的阶段，之后是英国申请加入欧共体失败以及法国 60 年代"空椅子"政策导致的长期危机，最后是伴随 1969 年和 1972 年海牙和巴黎首脑会议的新的上升阶段。

20 世纪 50 年代初期是狂热规划和实施欧洲计划的第一阶段。欧洲委员会于 1950 年通过了《欧洲人权公约》，1952 年成立了煤钢共同体。此外还制订了欧洲军事和政治一体化计划。1950 年以来朝鲜战争期间冷战加剧，美国倡议建立西德军队，在此背景下，欧洲计划成立欧洲防务共同体（EVG），建立欧洲联防军，但他要求赋予德国士兵在部队中较低的级别，以防止一支独立的德国军队再次出现，因为其很可能在二战结束几年后再次成为法国和其他西欧国家的威胁。

与军事方面的计划相关联，欧洲还计划成立欧洲政治共同体。它由一个强大的两院制议会、一个对议会和部长理事会负责的执行委员会以及一个共同体法院组成。1954 年法国国民议会因高卢主义者和共产党的反对而否决了欧洲军事以及政治一体化计划，两个计划由此失败。欧洲军事一体化计划在接下来几十年里都没能成功实施，政治联盟计划也被束之高阁。然而，欧洲防务共同体和欧洲政治共同体计划不仅仅在法国，而是在整个欧洲都饱受争议。没有美国参与的纯欧洲军事一体化似乎具有太大的安全隐患。对于建立一个要求各民族大规模放弃主权的超国家欧洲政治联盟来说，时机也尚未成熟，特别是因为法国和比利时仍十分依赖它们的殖民地。

随之而来的欧洲一体化危机并没有持续很长时间。在欧洲防务共同体失败的同一年，德意志联邦共和国决定加入北约，并于 1955 年正式加入。同样在 1955 年，在西西里岛墨西拿市（Messina）举行的煤钢共同体六个成员国外交部长会议准备拟订一项新条约，计划建立一个包含所有工业部门的欧洲经济共同体，而不仅仅是一个像以前那样仅针对煤炭和钢铁的经济

119

共同体。在比利时外交大臣保罗·亨利·斯帕克（Paul Henri Spaak）的报告基础上，各国于 1957 年签署《欧洲经济共同体条约》（也称《罗马条约》），成立了欧洲经济共同体。

《罗马条约》规定，六个成员国之间分几阶段来建立拥有四项经济基本自由，即商品、资本、人员和服务自由流动的共同欧洲市场。条约规定经济共同体的决策中心是部长理事会，由六个成员国各派一名政府代表组成，最初采取全体一致的表决方式，后来改为多数同意制。欧洲经济共同体执行机构要充分行使立法倡议权。相对薄弱的欧洲议会，其成员由各国家议会任命，暂不采取直接选举的方式。相比于在煤钢共同体中，既存的卢森堡欧洲法院在欧洲经济共同体中被赋予更多权力。除欧洲经济共同体外，人们还在罗马成立了当时雄心勃勃的欧洲原子能共同体，即六个成员国的核经济联盟。但是直到 1965 年，煤钢共同体、欧洲经济共同体和欧洲原子能共同体才合并为欧洲共同体。

1954 年政治经济一体化计划失败的危机能被迅速克服的原因有几个：因为经济繁荣，政府干预有很大的经济回旋余地；1954 年法国军队在经历印度支那的奠边府（Dien Bien Phu）战役失败以及 1956 年苏伊士运河战争危机之后，欧洲对法国的重要性日益增加，而欧洲对荷兰的重要性也在 1949 年印度尼西亚独立后日益提高；1956 年对匈牙利危机的血腥镇压致使冷战加剧；联邦德国在军事上加入北约，满足了法国的安全需要；还有政治人物的贡献，如比利时外交大臣斯帕克卓越的谈判技巧，联邦德国总理康拉德·阿登纳（Konrad Adenauer）对融入西方国家的果断决定，以及让·莫内幕后的调解工作。

一体化进程在经历了这次发展之后，在 20 世纪 60 年代又陷入了长时间的停滞。《罗马条约》的四项经济基本自由最初只在商品方面得以贯彻，服务、人员和资本的自由仍受到限制。协调欧洲福利政策——《罗马条约》的内容之一——尚未实现。欧洲农业市场虽然迅速建立起来，但随之而来的还有巨额补贴，对欧洲消费者而言过高的食品价格，以及由于农民得到价格和销售保障，牛奶、黄油和糖被大量储存的现象。

　　欧洲一体化的停滞还包括 1962 年富歇（Fouchet）计划的失败，该计划涉及欧洲经济共同体成员国政府之间在经济方面乃至政治、文化和军事领域的密切合作。1963 年和 1967 年，法国总统戴高乐在记者招待会上两次否决了英国加入欧洲经济共同体的申请，从而使经济共同体的向北扩张中断了近十年。由于特殊的国家利益和石油这一廉价新能源的兴起，在 1957 年与《欧洲经济共同体条约》一起缔结的《欧洲原子能共同体条约》框架内建立共同的欧洲核工业的计划落空了。这个停滞期的轰动性事件便是 1965/1966 年的"空椅子"危机：面对将欧共体部长理事会的表决机制从全体通过制改为多数通过制的提议，戴高乐召回法国驻共同体常设代表委员会的代表，全面实施缺席抵制政策，最终 1966 年欧共体与法国达成了妥协，实际保留了全体一致的表决原则，此即为"卢森堡妥协案"。

　　随后 1969 年在海牙举行了六个成员国首脑会议，欧洲一体化得以恢复。1972 年在巴黎举行了九个成员国首脑会议，包括六个创始成员国和大不列颠、丹麦和爱尔兰，这三个国家 1973 年才正式加入欧共体，但已于 1972 年参加了首脑会议，使欧洲一体化得到进一步发展。在法德领导下，法国新总统乔治·蓬皮杜（Georges Pompidou）和英国首相希思达成协议，首脑会议确定了三个目标。这些高瞻远瞩的目标成为未来几十年欧洲一体化的展望。

　　第一个目标是将欧洲共同体的地理范围扩大至欧洲大陆北部，加入大不列颠、爱尔兰和斯堪的纳维亚国家，这是当时仅

121

有的可能增加民主国家的方案。早在 1970 年欧共体就开始与候选国家进行谈判。1972 年，在爱尔兰和丹麦就此进行全民公投之后，欧共体就与英国、爱尔兰和丹麦签署了入盟条约。只有挪威人在全民公投后决定不加入欧共体。总体而言，欧共体北扩的目标以惊人的速度实现了。

第二个目标是以政治联盟的形式进行密切的政治合作。为此，比利时外交部政治主任艾蒂安·达维尼翁（Etienne Davignon）接受委托，并于 1970 年提交了一份报告。然而，其中只有非常谨慎的关于加强对等协商的建议。在国家元首或政府首脑会议上实行多数决定制、扩大欧洲共同体权力、加强欧洲议会的建议都没有被提到。根据达维尼翁的报告，他们只在成员国以欧洲政治合作的形式进行定期磋商这一点上达成了一致。

第三个目标是建立欧洲经济与货币联盟。卢森堡首相皮埃尔·维尔纳（Pierre Werner）受欧洲共同体委托，于 1970 年提出了雄心勃勃的《维尔纳计划》，这其中包括逐步实现欧洲经济与货币联盟，使成员国货币平价接近，建立欧洲中央银行，在十年之内制定统一的欧洲经济政策。欧洲共同体于 1971 年通过了这项计划。然而，20 世纪 70 年代初货币动荡，难以控制货币平价的波动，理查德·尼克松总统领导下的美国政府退出布雷顿森林固定汇率体系，使这个计划迅速被取消。1972 年力图通过"蛇形汇率制"在欧洲实现区域货币稳定的更为温和的尝试，也因为对英镑的投机行为失败了。

为什么欧洲一体化进程会在繁荣时期结束的时候出现新的上升期？这与政府高层有很大关系。戴高乐不再担任法国总统，其接班人蓬皮杜更加务实；英国首相希思比他的前任以及后继者——无论是保守党的还是工党的——对一体化的欧洲更有信心；新当选的联邦德国总理维利·勃兰特比他的两位前任——路德维希·艾哈德（Ludwig Erhard）和库尔特·格奥尔格·基辛格（Kurt Georg Kiesinger）——更坚信一体化的欧洲会有光明的未来。

此外，美国经济因越南战争而衰退，这使欧洲人意识到，欧洲经济的国际地位在很大程度上取决于它们自己的共同决定。除此之外，进一步实现欧洲一体化和扩大欧洲经济共同体的背后还有一些国家方面的原因。只有联邦德国明确牢固地扎根于西方阵营和西欧，它的东方政策才能在西方被接受。20世纪60年代非洲和东南亚的进一步去殖民化导致大英帝国实力被大大削弱，因此，加入欧共体的选择对英国来说变得越来越重要。而在法国政府看来，英国若能成为欧共体成员，便很有希望在反对超国家性的欧洲计划上成为法国的盟友。

繁荣时代给欧洲人带来了异常迅速的变化。在这25年里一切都改变了：农业、工业、经济政策、消费、生活水平、家庭、工作、城市、社会不平等、移民、工会、福利国家和教育制度、青年文化、大学生、媒体、艺术和知识分子、民主、政治暴力水平、精英和政党。1970年这个生活富裕、社会安全、城市化开始、西部实现民主化和"欧洲化"、被冷战分裂的欧洲，与1950年前后贫穷的、饱受战争蹂躏的、只有民族国家的、几乎没有几个稳定民主政体的欧洲有着根本的不同。其中许多新趋势是欧洲的共同经历。但由于冷战和欧洲的分裂，很少有欧洲人意识到这些经历是共同的，他们倾向于把欧洲大陆看作一个广泛分裂的大陆。

124

2　多面欧洲：冷战中的差异

从20世纪50年代到70年代初，欧洲不仅有重要的共同发展，它也是一片有着诸多不同面孔的多样化的大陆。其中有七个差异特别重要：（1）富裕工业化国家与较贫穷农业国之间的差异；（2）不同欧洲国家之间的巨大历史差异；（3）欧洲殖民帝国与没有殖民地的国家之间的差异（通过去殖民化而得到改变）；（4）第二次世界大战在经济和道德后果方面的新差异；（5）冷战时期东欧和西欧之间新的、特别深刻的分歧；（6）北方的民主政体与西欧南部的右翼独裁政权之间的对比；（7）欧洲一体化过程中的欧洲委员会与欧洲经济共同体之间的分歧，以及欧洲经济共同体和欧洲自由贸易联盟（EFTA）之间的分歧（欧洲自由贸易联盟是为了与欧洲经济共同体抗衡而建立的自由贸易区，由英国领导芬兰[①]、瑞典、挪威、奥地利、瑞士和葡萄牙于 1960 年建立）。

外围和中心之间的差异

　　富裕的工业中心国家与较贫穷的农业外围国家之间的差异在繁荣时期早期还持续扩大，因为在 20 世纪 50 年代通常只有已经实现工业化的经济体增长迅速。但繁荣时期经济增长是如此不寻常，以至于从 60 年代起，外围国家的经济活力也开始显现，差异开始缩小。许多迹象证明了这一点：工业就业占总就业的比例逐渐上升。这一比例在工业化国家上升缓慢，甚至出现下降的情况；1950 年至 1970 年，这个比例在外围国家的增长速度却令人震惊，南欧从 27% 上升到 41%，东欧从 31% 上升到 47%。只有在少数几个国家，如葡萄牙和爱尔兰，工业就业的比例仍然低于 10%，经济活力明显较弱。

　　此前的农业国家出现新工业动态的另一个迹象是出口的发展。20 世纪 60 年代末 70 年代初，它们的出口量开始以比西欧其他国家快得多的速度增长，这部分得益于它们新的工业

---

① 此处疑为原作者笔误，应为丹麦。芬兰不在 1960 年 1 月 4 日签订《欧洲自由贸易联盟公约》的国家之列，其于 1961 年作为联系会员国加入，后于 1986 年正式加入。——编者注

生产。在西欧和东欧的大多数国家，城市的扩大也比发达国家快，因此城市化的差异也变弱了。此外，向工业化国家的人口外流也不再像以前那么严重了。

生活水平方面的差异也有所缓解。由于欧洲外围地区出现新的工业活力，工人的实际工资增长明显，有时甚至比老牌工业化国家增长得还快。因此，收入差距不再扩大，甚至开始缩小。很多外围国家的失业率与工业化国家的接近。教育差异也减少了。南欧和东欧国家的高文盲率有所下降；在某些国家，如西班牙和葡萄牙，大学生入学率在1950年远低于欧洲平均水平，此时已达到相近的水平。20世纪60年代至少在西欧，以国民生产总值作为衡量指标，较富裕国家和较贫穷国家之间在社会支出方面的差距也缩小了（东欧缺乏此方面的相关信息）。

消费方面也呈现接近的状态。当时最重要的消费指标——汽车拥有量的巨大差距明显缩小。在西欧，意大利和芬兰超过了1950年前后领先的"汽车国家"——英国和法国。西班牙、葡萄牙和希腊等外围国家与工业化国家的差距也缩小了。在东欧，捷克斯洛伐克这个老牌工业国在1950年前后仍然是汽车拥有量领先的国家，1970年前后被波兰和德意志民主共和国追上。匈牙利和南斯拉夫也追赶上了，但苏联仍然远远落后。

最后，在1950年至1970年，外围国家的人口预期寿命要比旧工业化国家的预期寿命增长得更快一些。因此，在生活水平这一核心方面的差距也缩小了。但是，这一切都只是表面迹象而已，外围国家和工业化国家在经济和社会状况方面的全面接近是后来才实现的，或者说直到今天也没有实现。

国家发展的多样性

国家发展道路的差异对当时欧洲内部差异的影响特别大。时人强烈地意识到了这一点，而且时至今日，对大多数历史学家和社会科学家来说，这仍是欧洲大陆内在多样性历史的核心。

在第二次世界大战的剧变之后，大多数欧洲国家尽可能地继续塑造自己独特的国家形象。无论是幸免于战争的，还是受战争影响的西欧国家，都在政治和文化上将自己置于本国的民族传统之中。因此，欧洲内部的差异得以保留。即使意大利、德意志联邦共和国和奥地利等国家因战败，民族传统的连续性有所中断，这种差异也没有自动弱化。

127

这里举一个例子：联邦德国成为议会民主制国家，从而在一个根本性的问题上实现了同其他西欧国家的靠近。然而，与此同时，联邦德国发展出了自己的独特之处：实行联邦制，宪法法院影响力巨大，中央银行拥有独立性，集体谈判伙伴享有自主权，以及福利国家制度合法化。这样，它不仅在一定程度上区别于魏玛共和国，而且区别于其他西欧国家。因此，联邦德国回归西方并不意味着使自己完全符合一种（臆想出来的）规范，而是在西方发展出了自己的国家形象。

与西欧不同的是，东欧在共产党接管政权之后，只有很细微的变化。然而，在家庭价值观、对宗教和政治的抵制态度方面，同时也在知识分子和科学家的角色方面，国家的特殊性得到了保留，它在与苏联霸权的对抗中发挥了重要作用。

欧洲的种种国家政策和社会依据都以社会模式为基准，有关社会模式的讨论，不管在东方还是西方，都加重了国家间差异的分量。尽管在第二次世界大战后出现了新的模式，但它们几乎全部是民族国家性质的。英国被视为民主和福利国家的典范，瑞典则是另一种福利国家的范例。法国提供了最重要的知识以及时尚、美好生活的文化范例。而美国是民主稳定、经济活跃、生活殷实、科学发展蓬勃以及社会机会平等的典范。苏联不仅在东欧，而且在左翼西欧环境中，提供了社会平等以及通过强大的国家力量实现工业化和社会现代化的范例。这五种截然不同的模式

128

有的是"欧洲的"，有的是"非欧洲的"，但它们几乎全部是单一
民族国家性质的（苏联除外）。关于它们的辩论让欧洲人更加
深刻地认识到国家间的差异。

从属于同样的新国际组织，特别是从属于联合国及
其分组织、国际货币基金组织和世界银行、北约和华约组
织、欧洲经济共同体、欧洲自由贸易联盟、经济互助委员会
（COMECON）或者欧洲委员会，并没有消除各国之间的分
歧。其中一些组织，如欧洲经济共同体和军事联盟、北约和华
约组织，在限制各国政府行动范围的同时，也加大了欧洲国家
之间的差异，因为欧洲只有一部分国家是它们的成员国。另
外，不考虑国际货币基金组织和世界银行的话，几乎所有欧洲
国家都以同样的方式加入了联合国及其分组织，这些组织为欧
洲单个的国家提供了更大的全球竞争环境，也为各国政治家提
供了一个国际舞台，但那并不是一个"欧洲舞台"。

然而，西欧和东欧在 20 世纪 50 年代和 60 年代也各自独
立进行了一项重大改革，使它们的内部生活环境趋于接近：建
设现代福利国家。虽然执行改革的国家机构大不相同，但双方
社会改革的成就越来越相似。双方的公共社会保障、城市建设
和住房质量、教育质量、预期寿命以及就业结构都比第一次世
界大战结束到第二次世界大战爆发之前的时期更加相似，因为
各国政府与专家在福利国家决策上的交流比以前频繁了很多。
不过，确凿无疑的是，福利国家制度仍然是国家性的。

129

殖民帝国与没有殖民地国家之间的对比

二战后不久的去殖民化浪潮使 20 世纪 50 年代和 60 年代欧
洲内部出现重要的差异，可造成差异的不再是是否拥有殖民地，
而是是否被卷入殖民冲突的问题。然而，对大多数欧洲殖民帝
国来说，殖民冲突在 60 年代初（葡萄牙殖民帝国到 70 年代初）

就结束了，因为几乎所有殖民地都独立了（参见第一章第 3 节
和第二章第 3 节）。旧殖民帝国和没有殖民地的国家之间既有的
巨大差异仍在产生影响，例如众多移民源自曾经的殖民地，前
殖民母国的政治公众对非洲和亚洲更加关注，前殖民母国的语
言享有更高的国际地位（主要是英语和法语），前殖民母国和前
殖民地之间仍存在特殊的文化、政治联系及紧张的冲突。但是，
这种旧的欧洲内部对立本质上已通过去殖民化的形式消解了。

第二次世界大战相互矛盾的后果

第二次世界大战在物质层面和道德层面都造成了欧洲内部
的对立，这样的对立并没有在战争结束后立即消失，反而持续
影响着欧洲（参见第一章第 2 节）。然而，受战争影响的国家
和幸免于难的国家在物质上的差距在 20 世纪 50 年代和 60 年
代基本上消失了。1970 年前后，受战争影响的富裕国家的境
况并不比瑞典和瑞士的差多少。被摧毁的内城大多得到了重
建。欧洲受损最严重的城市得到重建，成为国际知名象征，比
如伦敦城、新规划建造的鹿特丹内城和卡昂内城、重建的华沙
城堡、重建的布达佩斯渔人堡、柏林西部的汉莎街区和东部的
斯大林大道都成了知名旅游景点。

相反，道德层面的差异持续更久。一方是道德上负担沉重
的德国，它在欧洲发动第二次世界大战，犯下规模空前的战争
罪行和种族灭绝罪行，并最终走向彻底的失败。在第二次世界
大战期间与德国结盟或受其控制的国家，如奥地利、意大利、
匈牙利、斯洛伐克、克罗地亚和罗马尼亚，道德负担则相对轻
得多。另一方是受到纳粹德国攻击、占领的国家，包括战争结
束时的意大利。这种道德对比在 20 世纪 50 年代至 70 年代有
所变化，但没有发生根本性的改变。

20 世纪 40 年代末到 50 年代末，在德国以及之前与纳粹

政权有联系的国家，公众普遍对战争罪行和大屠杀保持沉默。只有个别书籍、纪念馆和电影会讨论这些话题。战后众多纳粹政府人员继续担任高级官员、将领、政治家、教授、法官、记者和企业家，公众对此也很少公开讨论。

与此形成鲜明对比的是，在以前被纳粹德国占领的国家，以及西欧和东欧战场上德国的对手国家中，关于抵抗纳粹占领以及反对"第三帝国"的历史记忆不仅被非常清晰地保留下来，而且为政治家和政党所用，以证明他们自身的合法性。因此，这是政治纪念和纪念馆的一个重要主题。欧洲部分地区的沉默与部分地区的记忆政治化形成了对比。

131

20世纪50年代末60年代初以来，这种欧洲内部的差异发生了变化。联邦德国面对巨大的阻力，开始进行对纳粹政权的清理。1958年的乌尔姆突击部队审判、针对前集中营看守人的奥斯维辛审判（1963~1965）、1961年在公众中引起巨大反响的耶路撒冷艾希曼（Eichmann）审判、1958年路德维希堡国家纳粹罪行调查中央办公室的成立、1949年成立的慕尼黑当代历史研究所的工作，等等，都是这次清理工作的内容。当中最重要的还有针对曾经作为从犯的著名政治家的公开辩论，包括联邦总理府国务秘书汉斯·格洛布克（Hans Globke，1953~1963），1960年因被指控曾参与纳粹活动而辞职的，曾经担任流离失所者、难民和战争受害者部长的特奥多尔·奥伯兰德（Theodor Oberländer，1953~1960），曾在纳粹外交部工作的联邦总理库尔特·格奥尔格·基辛格（1966~1969）。此外，联邦德国还为反对纳粹政权的记忆赋予了更高的政治价值。

然而，即使是在现在的亲密盟友法国和联邦德国之间，也仍然存在着鲜明的矛盾，在这些问题上，作为抵抗运动象征的法国总统戴高乐和曾为纳粹党成员的联邦总理基辛格常彼此对立。

冷 战

在这个时期，冷战对于欧洲的分裂影响最为深远。它不仅引起国际关系对立，导致分别以苏联和美国为首的东西两大军事集团之间开展核武器以及常规军备的对抗，还分散了欧洲经济，引发了欧洲各国、社会团体以及文化间的对峙。这种对峙不仅仅是国际性的，在一些西欧国家，尤其是法国和意大利，国家内部分裂也很严重。一方阵营为共产主义及其拥护者，另一方则为保守党、自由党以及社会民主党人士。

欧洲东方和西方的地理界线划分早在战后时期就已初现轮廓（参见第一章第 1 节和第 2 节），并在 20 世纪 50 年代和 60 年代逐渐固定下来。1949 年北大西洋公约组织成立，1955 年联邦德国加入北约，同年华沙公约组织建立，双方阵营的前线便已明确。虽然随着芬兰以及奥地利分别在 1948 年和 1955 年宣布中立自保，以及南斯拉夫在 1948 年前后疏离苏联控制的区域，东西方阵营直接对立的国家战线稍微有所缩短。但是东方阵营在 1961 年修建柏林墙，使自己与西方无限隔离，先前可随意通行的柏林亦是如此。社会内部阵营的界线也日益明确，这在法国和意大利体现得尤为明显。在法国，共产主义者不再像战后时期那样可以加入执政联盟；在意大利，共产主义者自 20 世纪 50 年代起，便再无机会参与党团联盟。

冷战造成了两大集团政治方面的深层对立。尽管东西方国家类似，都有宪法、党派、社会组织、大规模媒体宣传、公共游行文化，并且所有国家都以相似的形式定期举行议会选举，两个集团均宣称自己为民主政体，并且为了解释民主而进行了敌对竞争。但他们对于民主的理解在本质上就不相同。

冷战还对经济方面产生了严重影响。当时的两大集团遵循着相似的工业经济模式，以发展重工业与机械制造业为主，力求实现欧洲周边地区的工业化、高速经济增长和高生活标准，以及为达到这些目标所需的工农业高生产率。双方经济虽同速增长，但为实现以上目标而实行的经济发展方式有着本质上的不同。

东部集团国家实行中央计划经济体制，不仅涉及投资，也涉及生产、商品销售、劳动力分配。因此，公司的自主权相当小。确保实现预期产量增长的方式除了有维持工作场所的纪律，还包括开展各种运动，以及举办各种以拿到实现计划指标、赢得奖金为目标的比赛。东部的社会制度以企业为中心。许多社会保障和文化功能是与企业绑定在一起的。但是各种为提高生产率而进行的宣传活动效果有限。经济发展方式仍然粗放。

粗放型经济发展模式下对劳动力的强劲需求主要是由女性劳动力（很小一部分由移民）来满足的，因此女性就业率较高。尽管该经济体系为满足消费者需求，即食品、住房和交通运输方面的需求，向其提供高额补贴，但在中央计划经济体制下，消费者即使拥有大量资金，也仍然处于弱势地位。因此他们尝试通过黑市和"达恰经济"（Datschen-wirtschaft）[①]来弥补计划经济的不足。

东部各国的经济仍然相对孤立。国际移民、货币自由兑换以及国际商品市场的建立尚未被列入议程。在 20 世纪 50 年代和 60 年代，中央计划经济模式在东欧获得巨大成功。第二次世界大战造成的许多损害被修复，东欧之外的国家也实现了工业化，而经济增长也仅略逊于西部。

相反，在西部，国家经济计划仍很薄弱。就连法国这个以"规划"（planification）闻名的国家，也仅对投资预算实行规

136

---

① "达恰"（Datsche）指乡间别墅，居住在城市里的人在近郊拥有一块土地，假日时到此从事田间劳作。——编者注

划，除此之外，经济仍由市场活动决定。尤其于 20 世纪 60 年代在其他西欧国家得到强烈反响的凯恩斯主义的"宏观调控"理念尝试通过反周期政府支出、社会和教育改革实现经济快速增长，目标是实现高度的国家干预，而不是国家计划经济。除了战后初期主要在英国和法国被国有化的企业，各地企业的自主权仍得到保障。经济精英的连续性也很少被打断。

工农业生产率的快速提高是通过技术更新、更好的培训和增加工作强度来实现的。由于实际工资水平也快速提高，所以工人们对工作强度的增加也可以接受。在西欧，工作也被视为生活的中心，但社会并不像欧洲大陆东部那样以企业为中心。在西欧密集的经济体中，除北部外，女性就业率平均低于东欧地区。与东欧不同，西欧消费者所拥有的商品和服务选择范围很广：他们的消费并不受商品绝对短缺影响，而是受到收入的限制。同时，消费者受广告、营销、民意调查和时尚的影响也很大。

西欧经济相较于东欧经济更为国际化，其主要表现为拥有跨国公司，在布雷顿森林货币体系中实现货币自由兑换，从欧洲外围国家招聘工人，资本市场自由化虽仍受限但也得以日益扩大，以及在欧洲经济共同体和欧洲自由贸易联盟建立自由的地区商品市场。

此外，冷战还使东西欧在社会方面的差异日益加剧。尽管 20 世纪 50 年代和 60 年代整个欧洲都处于公共社会保障、城市规划、教育和医疗保健系统扩张的鼎盛时期，但东西欧之间的差异同时仍在加深，社会政策是东西欧竞争激烈的领域。

东西欧的家庭情况也有所不同。在东欧，除了夫妻，单身者很少能单独分配到一处住所，所以东欧的平均结婚年龄较小。东欧人口出生率普遍更高，代际年龄差距比西欧小。西欧的人们尽管通常也会结婚，但由于结婚晚，所以出生率降低。东欧的离婚率也更高，部分原因在于双方结婚年龄较低，同时也是因为女性就业率较高并且福利国家给予了更好的保护。

在东欧，大众消费社会仍未到来。而在西欧，20世纪60年代正是大众消费社会到来的时期。标准化的大众产品、超市和百货公司涌现，汽车、洗衣机、冰箱、电视机、电话、客厅和儿童房成为普通家庭的标配，对家庭、代际关系、人际交往、社会阶级以及政治公众产生了深远影响。

东欧的福利国家制度与西欧也不相同。东欧贯彻实施了国家统一的社会保障制度，通常只有个体经营者和知识界人士会选择自己的保险服务机构；西欧则往往有许多公共保险公司。在东欧只有养老险、伤残险和疾病险属公共社保范畴，而在西欧还包括失业保险。社会保障在东欧是纯国家性的，在西欧则具有很鲜明的个人色彩。东欧的社会保障与西欧相比，更以企业为中心，并由此划定了其余的社会保障范畴。在东欧，福利国家制度服从于东欧的经济政策，因此对经济不重要的群体，如退休者、残疾人或家庭主妇，得到的保障较差；而在西欧，福利国家制度则是为了弥补资本主义经济的缺陷而存在的，退休者和残疾人，在一些国家也包括家庭主妇，受保障状况都比较好。在东欧，国家普遍对基本的食物、住房和交通需求进行直接补贴，这是国家福利内容的一部分；而在西欧，能享受这些优待的只有贫困群众，而非所有人。

在大多数东欧国家，卫生部门基本实现了国有化，在西欧则仍然主要为私有性质的。人们对社会福利国家公民概念的理解有着根本不同。在东欧，公民被自上而下地管理，由国家统一分配社会福利。而在西欧，是否加入保险以及是否选择公共社会保障外的必要个人附加险，通常是公民自己决定的。

东西欧的住宅建筑也不相同。在东欧，公共住宅建筑在很大程度上占据主导地位，私人住宅不受欢迎，因此也难以推广。而在西欧，虽然公有住房或共用住房也很重要，但占主导地位的仍为私有住房，尤其是个人住房。还有城市规划也不相同。东欧在城市中心建造了许多壮观的高层建筑（莫斯科的罗蒙诺索夫大学和外交部大厦、华沙的文化宫、东柏林的电视塔），拓宽了作为游行集会场所的主干街道，重建了固定路障，针对性地忽视了"资产阶级时期"的老建筑。西欧城市的重建则遵循《雅典宪章》精神，住宅区配有空地与草地，公寓可接触到阳光和空气。道路规划亦考虑到汽车通行情况。居住区和工业区、购物中心和行政区在空间上彼此分开，以几何式的清晰、简明、不加修饰的包豪斯建筑风格为主。

东西欧教育体系发展的不同不仅在于学校课程内容的不同。20 世纪 50 年代欧洲东部的教育扩张速度要比欧洲西部快得多。直到 1957 年苏联造出第一颗地球卫星斯普特尼克 1 号，宣告其在航天和导弹方面的领先地位，引发西欧对苏联在自然科学和技术方面已经超越自己的恐惧，即"斯普特尼克危机"，西欧教育体系才得以高速扩张，到 20 世纪 70 年代时，西欧平均大学生入学率已略高于东欧。

上述的所有差异导致东西欧社会阶层环境的发展也大相径庭。在西欧，社会各阶层凝聚力逐渐削弱，各国家间也有很大差异。地方性阶级团体之所以存在，部分是因为个人在紧急情况时对团结的需求，部分是出于个人与上面或下面阶层划分界限的意愿。而伴随福利国家制度实行，居住条件改善且社会各阶层混合居住，教育机会改善，移民构成新的社会下层，西欧社会原本的各阶层已失去了凝聚力。而在东欧，工业区的阶层特性仍然更为突出，这是由于不同阶层有着不同的社会保险，且教育体系对阶层作出筛选，阶层划分界限继续保留。地方性社会团体因为住房和移民较少，也几乎没有变化。

东西欧在社会冲突和社会运动方面的发展也完全不同。在东欧，会员众多的工会均由共产党控制，作为群众动员和公共社会保障的工具，相对于政府和执政党，工会并没有自主权。罢工基本上是不被允许的，或者至少是不得在公众面前进行的。20世纪60年代后期的学生运动同样很快遭到扼杀。相比之下，在西欧，除欧洲南部的独裁政权外，20世纪50年代和60年代是独立于政府的工会在组织、声望、经济和政治影响方面达到巅峰的时期，当然，国与国之间，共产主义和非共产主义工会也在组织和成果方面存在着巨大区别。而且学生运动在西欧国家也对政治公众产生了巨大的影响。

同时代的民众认为欧洲文化也被深深地割裂了，因为当时的大多数欧洲人仍拥有着共同的诗歌、绘画、雕塑和音乐这些欧洲高等文化，共同的20年代和30年代电影、音乐和舞蹈等流行文化，并且共同经历了欧洲科学的国际间紧密合作。冷战不仅割裂了这一共同文化，还引发了东西欧之间的文化对抗，引发了激烈的解读欧洲文化的竞争。双方都声称自己代表着更好的欧洲文化。

20世纪50年代至70年代初，东西欧之间的文化差异进一步扩大。存在主义、抽象绘画、雕塑、爵士乐和摇滚乐这些西欧高等文化与流行文化的新流派在东欧并不受欢迎，也常常被禁止。文化、音乐、绘画、文学、社会科学和电视节目的美国化也最先对西欧产生影响，受到了特别的批判。几十年后其对东欧也产生了影响，但程度不及西欧的深，并受到了不同于西欧的批判。

东西欧媒体的发展也完全不同，不仅内容不同，其结构也不同。20世纪60年代电视仅在西欧大受欢迎，由此导致了电影的衰落和其他报纸和广播媒体的重新定位。而在东欧，电视之后才发展成主要媒介。在大众文化中，音乐、电影、舞蹈、

141

142

唱片和晶体管收音机所蕴含和表达的代际冲突在西欧远比在东欧尖锐。世代差异在欧洲大陆的东西部看起来非常不同。价值观的变化以及对他人、自身、家庭、工作、宗教和政治的态度转变也同样主要发生在西欧。

科学在东西欧的发展情况也越来越不同。研究人员虽继续交流和共同参加国际大会，但这些活动尤其在东欧越来越多地受到各国政府的控制和引导。重要的理论潮流出现分歧。现代主义理论、社会学功能论、凯恩斯经济理论的影响范围基本局限于西欧。在西欧的社会科学和历史科学中，马克思主义主要是在野党援引的政治理论，而在东欧却是统治科学。东西欧对待科学的形式也相差甚远。

最后，科学研究的组织也不相同。东欧仿照苏联模式，在各地建立专门开展研究的科学院，大学则降为教育机构。法国也有这种大型的研究机构，是由法国国家科学研究中心（CNRS）成立的；规模小些的则有联邦德国建立的研究机构马克斯·普朗克学会（Max-Planck-Gesellschaft）；但它们并没有参考苏联模式。因此，西欧高校的科研作用要比东欧高校的重要得多。

此外，文化还成为冷战时期重要的作战工具。双方都设立了各种电台节目、电视节目，甚至专门建立了以影响对方为目的的广播电台，并安装了干扰收听或收看对方节目的信号发射机。文学、讽刺画、漫画、电影、音乐和建筑都被双方在这场文化冷战之中加以利用。

有一些非常成功的关于冷战的小说和电影被创作出来，例如罗伯特·史蒂文森（Robert Stevenson）的美国电影《我嫁给了共产党人》（*I Married a Communist*，1950 年）和约翰·勒卡雷（John Le Carré）的小说《冷战谍魂》（*Der Spion, der aus der Kälte kam*，1963 年）。知名知识分子出

席的大型文化活动、东西文化研究所和知识分子杂志相互对
峙。一个完整的科学分支，即在西欧研究东欧、在东欧研究西
欧的"敌方科研观察"兴起了，并都得到了大量的公共资金
支持。

西欧的民主和独裁

在西欧，随着联邦德国、奥地利和意大利在二战后引入
民主政体，伊比利亚半岛和巴尔干半岛的独裁政权与北部地区
的民主政体之间的"南北对立"产生了。此前，欧洲独裁和民
主的版图呈现着完全不同的样子，主要是"东西对立"。新的
"南北对立"，即民主政体和不尊重人权、建立残忍的秘密警
察机构、逮捕甚至杀害政治对手的独裁政权之间出现了一条明
显的分界线。

但是三个南欧独裁政权也完全不同。佛朗哥（Franco）在
西班牙的独裁统治远比葡萄牙和希腊的独裁统治更为暴力，尤
其在政权建立初期，数万人沦为其牺牲品。佛朗哥在西班牙的
独裁统治和萨拉查（Salazar）在葡萄牙的独裁统治都是从20
世纪20年代和30年代开始的，当时欧洲的大部分地区也转向
了独裁统治，但希腊的独裁统治是1967年才由军队将领建立
的。这三个独裁政权的目标、与教会和军队的关系以及引发的
抗议活动也各不相同。

它们也受到了外部即西欧和美国的不同对待。葡萄牙加入
了欧洲经济合作组织（OEEC），也成为北约和欧洲自由贸易
联盟的成员国，但因为欧洲委员会和欧洲经济共同体坚持只接
纳民主国家为成员国，因此它并没有被这两个组织接受。1967
年希腊独裁政权建立，其欧洲委员会成员资格被取消，但仍是
北约成员国之一。由于北约没有对土耳其军队入侵塞浦路斯北
部的行为采取行动，1974年希腊在军政府领导下自主退出了

144

145

北约的军事一体化。西班牙既不是欧洲经济共同体的成员国，也没有加入欧洲委员会和北约组织，但它在军事上与美国合作密切。尽管这三个南方独裁国家在细节上存在着不容忽视的差异，但很明显，西欧的民主化进程是由它们引发的。

此外，这三个独裁国家在 20 世纪 50 年代都有一个共同点，那就是经济落后，都属于欧洲的贫困地区。1950 年希腊人均国内生产总值只有 450 美元，而西班牙和葡萄牙甚至只有 365 美元左右，与全欧洲 810 美元的人均国内生产总值（包括苏联的欧洲部分）相差甚远，更无法与人均国内生产总值约 1150 美元的法国和人均国内生产总值约 1350 美元的英国等富裕西欧国家相提并论。与欧洲其他外围国家一样，这种落后是与高文盲率、高失业率、巨大的贫富差距、大规模的季节性海外务工及移民现象相伴出现的。

在 20 世纪 50 年代乃至 60 年代，这三个国家对欧洲的归属感都很弱，同样，原因也各不相同。希腊由于有许多希腊人去国外而变得非常"世界化"。它的目光远远超越了西欧的边界，聚焦于有许多希腊人居住的美国、拉丁美洲、中东、埃及、土耳其和黎巴嫩地区。西班牙则完全生活在自己的"光荣孤立"与偶尔才会被打破的自我中心主义之中。葡萄牙同样在很大程度上背离欧洲大陆，以自己的殖民地为导向，仅与英国保持较为密切的关系。

20 世纪 60 年代到 70 年代初，这三个国家都经历了相似的变化。这一时期它们的经济增长速度都高于富裕的西欧，物质水平提升，消费支出增加。通过劳动力移民的迁出与迁回以及不断发展的旅游业，它们与西欧民主国家的联系更为密切。这种新的经济社会活力稳定了独裁政权，同时也迫使其自由化（参见第三章第 2 节）。

分裂的欧洲一体化

自从 20 世纪 50 年代初欧洲一体化开始，西欧内部就出现了另一组对立，即主要在经济政策方面活跃、具有超国家性质的欧洲经济共同体与主要在文化政策、人权政策方面活跃且严格注意成员国国家主权的欧洲委员会之间的矛盾。60 年代还出现了另外一个矛盾。欧洲经济共同体与欧洲自由贸易联盟相互竞争。前者主张在农业领域建立高度管制市场，且成员国只为民主国家；后者主张保留纯粹的自由贸易区，且成员国除了英国等西欧民主国家，还要包括当时的独裁国家葡萄牙。因此，当时的欧洲一体化远不像 90 年代那么统一和明确，毕竟 90 年代欧盟已发展为主导组织，不仅在经济政策方面，而且在安全政策、文化政策、社会政策、欧洲基本权利政策上也发挥了主导作用。

总的来说，20 世纪 50 年代至 70 年代初的繁荣时期消弭了欧洲国家之间的一些旧界限。可观的经济增长虽无法消除富裕的工业化中心和贫穷的农业周边地区间的矛盾，但也起到了一定的抑制作用。其在一定程度上也缓解了饱受战争蹂躏和幸免于战争的国家之间的矛盾。由于去殖民化，欧洲殖民帝国与没有殖民地的国家之间的旧差异也消失了，如果不考虑少数的"后遗症"的话。但人们仍能感受到五种矛盾，无论是新产生的，还是既存的：冷战时期东西欧间的对立与疏离；西欧内部，北欧民主和南欧葡萄牙、西班牙和希腊独裁间的新矛盾；欧洲经济共同体与欧洲自由贸易联盟之间，以及欧洲经济共同体与欧洲委员会之间的新对峙；尽管许多国家的社会矛盾依靠福利国家制度、教育和城市规划得到了缓解，但在政治，特别是在法律、政党、社会冲突领域，以及家庭、人口等社会关系方面的差异依旧没有改变。此外，各国社会对纳粹统治欧洲这段历史的反思相当割裂，尽管德意志联邦共和国已经开始对纳

147

粹政权以及仍然在世的相关人员（当中有些依然活跃在公共领域）进行公开讨论。因此，在 20 世纪 50 年代至 70 年代初，尽管欧洲内部经济和社会重要领域的矛盾有所缓和，但这一历史时期在很大程度上并不是一个欧洲融合的时期，而是一个分裂和多样化的时期。

3　去殖民化时期全球背景下的欧洲

欧洲的全球关系在繁荣时期受五个新发展的影响：（1）与战后初期相比，欧洲发展出的新特点；（2）去殖民化进程，以及欧洲在新国际组织和非政府组织（NGOs）中的角色转变；（3）使欧洲与世界维持着有限联系的冷战；（4）欧洲与世界其他地区之间移民流的变化；（5）欧洲在世界公众面前形象的改变以及欧洲人对世界看法的转变。

欧洲的新特点

20 世纪 50 年代到 70 年代初，欧洲每年的经济增长率约达 4%，除了日本的增长率比这还要高一些，世界上再无其他地区能做到这点，此为欧洲的第一个新特点。相比之下，拉丁美洲、非洲、亚洲以及北美的经济增长远落后于欧洲。这个时期全球经济年平均增长率不到 3%。与欧洲形成鲜明对比的是非洲，当时非洲的经济与世界其他地区相比越来越落后。但毫无疑问，这 25 年是全球经济的繁荣期，全球经济的增长速度之高可谓空前绝后。即使在非洲，经济增长率也达到了年均 2% 的水平。总体来看，全球各地区间的增长差距在这一时期也略有缩小。

随着经济的繁荣，欧洲获得了一个新的全球角色。战后初期欧洲经济增长还远落后于全球，属于世界危机地区；到了此

148

时，欧洲却逆袭成了与日本一样的全球领先地区和拉动经济增长的火车头。它在超过 25 年的时间里保持了长期的发展势头：尽管总体而言，20 世纪欧洲在世界经济总产出中所占的份额从 1900 年前后的三分之一下降到 2000 年前后的四分之一，但这一下降趋势在 20 世纪 50 年代至 70 年代初被打破；而且尽管这一阶段欧洲在世界人口中所占比例急剧下降，但其在世界经济总产出中所占份额基本保持了稳定。

更令人印象深刻的还有欧洲在世界贸易中所占比重的增加。20 世纪 50 年代至 70 年代初，出口在西欧社会总产值中所占比例从 9% 左右上升到 19%，这是除依赖原材料出口的非洲外，世界上任何其他地区都无法达到的。一半以上的世界贸易是在欧洲内部或由欧洲参与进行的。欧洲大陆再次像 1914 年前那样，成为全球最重要的贸易区。在东欧，出口比重也从 2% 提高到 6%，与世界其他地区持平。这一历史时期整个欧洲的出口地位已经超越了 1870 年至 1914 年所谓第二次全球化时期。

149

欧洲在繁荣时期的另一个与快速对外贸易增长密切相关的经济特点更加凸显了：特别强大的工业导向。只有欧洲社会经历了工业是最大就业领域的发展阶段。当时，在欧洲以外的现代化社会，如美国、日本、加拿大或澳大利亚，服务业的就业人数紧次于农业就业人数。欧洲强大的工业导向使工业区、工业城市、工人和企业对社会的影响远比欧洲以外的地区更加强烈。尽管英国、比利时、德国、瑞士和波希米亚等许多国家和地区早在 19 世纪就进入工业社会时期并持续发展至今，但 20 世纪 50 年代和 60 年代最重要的新发展是农业的就业主导地位在 1950 年前后结束，其后工业成了整个欧洲（不算苏联和土耳其在内）就业人数最多的行业。

欧洲的第二大新特点是人口增长。初看之下，人口增长并

150 没有什么特别之处，其年增长率为 0.9%，与 19 世纪相近，而明显高于 20 世纪 30 年代的 0.6%。但从全球范围来看，欧洲的人口增长并不合常规。它比世界其他地区的一半还稍低，与亚洲、拉丁美洲和非洲这些每年人口增长超 2% 的国家形成鲜明对比；通常被忽视的美国和日本年人口增长率也分别达到了 1.6% 和 1.2%。在全球对比中，仅有西欧的人口增长极为缓慢，东欧的人口增长速度几乎是西欧的两倍，与日本水平基本相同。西欧人口呈现这种特点，决定性因素并不是西欧本身的人口变化，而是欧洲以外的世界人口经历了新一轮指数式增长。

然而，欧洲人口增长缓慢并不意味着家庭数量减少。事实完全相反，20 世纪 50 年代和 60 年代是一个特别亲近家庭的时期，这正是欧洲的第三个新特点。这个阶段欧洲人的结婚意愿特别高。世界上其他任何地方都没有出现过这种结婚高峰期。结果是欧洲的未婚率急剧下降，生育率有所上升。欧洲经历了一个"婴儿潮"，这段时期欧洲的出生率比前几十年高很多，即使与世界上其他地区相比，欧洲人结婚的年龄仍显得异常大。虽然欧洲离婚率也很高，但它仍远远低于美国、苏联和东南亚地区。这种从全球来看十分特别的对家庭的亲近，尤其是在西欧，是建立在经济长期发展基础上的。自中世纪开始，欧洲家庭的特殊性就已逐渐形成：配偶双方结婚年龄大，因而

151 出生率也相对低，同时未婚率也特别高，很少有三代同堂的家庭，家庭成员关系较为亲密。

人口增长缓慢塑造了欧洲的第四个新特点：独特的城市扩张。相比于两次世界大战间隔期，欧洲在战后繁荣时期的城市扩张速度更快，但还是比世界其他地区要慢得多，比如说日本、美国、拉丁美洲、澳大利亚、苏联和中国。这种情况照样主要发生在西欧而非东欧，东欧的城市增长速度与世界其他地区相当。

由此，在世界最大城市中，欧洲也失去了 19 世纪时的主

导地位。世界最大的 20 个城市名单中，欧洲城市在 1900 年前后还有 9 个，20 世纪 50 年代时仍有 5 个，但到 1975 年前后则只有伦敦和巴黎两个了。欧洲百万人口城市的增长速度不仅变得更慢，而且与世界大多数地区相比，其城市人口所占比例也越来越小。中等城市对欧洲人的吸引力比其他地方大得多。因此，欧洲市内破烂的贫民窟和非法贫民窟的数量要远少于世界其他大部分地区。这种缓慢的城市扩张更容易被控制，也可以得到更好的规划。

第五个新特点：欧洲也是一个——在其西部非共产主义地区——市场经济和国家可以特殊互利共生的大陆。与其他西方工业化国家相比，在欧洲，国家干预的分量格外重。总的来说，1975 年前后，其国民生产总值有大约 44% 为国家所用，而加拿大仅有 38%，美国仅有 35%，澳大利亚仅有 32%，日本仅有 27%。与东欧共产主义国家相比，西欧的市场在控制经济进程中所占的比重明显更大。通过大规模的国家干预纠正市场经济失灵、实现经济现代化，同时又不放弃市场经济，正是西欧特有的模式；它使西欧有别于大多数其他西方国家以及共产主义国家，换句话说，欧洲共产主义国家面对的这位对手是与东亚共产主义国家迥然不同的。

152

西欧国家对经济的干预程度要比西方其他国家大得多。在 20 世纪 50 年代和 60 年代，国家干预在经济活跃的领域（如交通运输、媒体通信领域）所占比重很大。航空交通是当时快速发展的新兴行业，但欧洲的航空交通与美国不同，它当时仍然完全由国有航空公司和国有机场公司控制。汽车工业是领先的经济行业，但在此行业中，不仅最大的汽车制造商中有两个是国有企业，即雷诺（Renault）和大众（Volkswagen），大多数欧洲国家新高速公路网的建设也不同于非欧洲国家，多数受国家控制。交通运输行业中，铁路部门的发展明显缓慢得多，国有企业也在其中占主导地位，而且推行了最早的重大创新计划，即高速列车。它始于法国，当然日本也开始兴建新干线（Shinkansen）。电话虽然已经使用了半个世纪，但直到当时才取得突破成为大众交流工具。在欧洲，国有企业也开展了传统的邮政业务，在 50 年代至 70 年代迅速发展，而速度之快，为进入 20 世纪以来之所未有。电视广播作为发展最快的媒体，在西欧大多数国家的发展状况也与在其他工业国家不同，其主要或完全由国家掌握。

西欧国家对社会的干预程度也要大于其他西方国家，但又与共产主义的东欧不同，一般是在保持民间社会自治、公民参与、公民自主权和保护公民隐私的前提下进行的。尽管欧洲内部存在着上述差异，但现代福利国家的扩张速度和规模远超其他地区。西欧的平均福利支出增长速度远高于世界其他地区，20 世纪 70 年代中期平均达到了国民生产总值的 16%，这是当时所谓"第三世界"无法超越的，比如相对繁荣、福利支出仅占 2%~3% 的墨西哥和韩国。而与福利支出占比为 8%~11% 的美国、加拿大、澳大利亚和日本相比，西欧也是处于领先地位。只有欧洲、澳大利亚和加拿大为老年、伤残、疾病和失业人士建立了一套完整的国家社会保障体系，美国和日本虽也建立了，但体系并不健全。西欧国家参保公民的比例远远高于世界上大多数富裕国家。

国家的这种强大作用并不局限于福利部门。在当时和后来迅速发展的其他社会领域，国家也发挥着比在其他地方更大的影响，包括医疗服务、从幼儿园到大学的教育、城市重建和新城市的建设规划、城市短途交通服务、淡水供应、污水和垃圾处理以及电力和天然气的供应。最后还涉及剧场、歌剧院、博物馆、音乐厅、纪念馆、纪念碑、文物建筑（比如城堡）、公园以及教堂等高等文化领域。

为什么国家在欧洲比在曾是欧洲殖民地的美国、加拿大和
澳大利亚，甚至比在日本都有更大的影响力？一个极为长远的
原因是君主政体有着管理和干预的传统。这种君主政体在17、
18世纪的专制主义时代建立了相对有效的国家管理体系。19、
20世纪的欧洲各民族国家在文化方面和城市规划方面的发展
也主要基于这一传统。这种传统在北美、南美和澳大利亚基本
不存在，却在东亚存在。此外，欧洲早在19世纪就因现代化
的巨大需求出现了国家干预。

154

20世纪50年代和60年代，在两次世界大战造成欧洲明
显落后于美国之后，欧洲这种对现代化的需求又出现了。在欧
洲，只有少数人认为可以在没有政府计划的情况下实现赶超。
此外，政府的大规模干预也是两次世界大战的产物。在两次世
界大战中，国家集中控制着战时经济和战时社会。1945年后，
国家支出中，战时干预和战争投入在国民生产总值中所占的份
额没有立即减少。最后，冷战也刺激了欧洲国家的干预。

总的来说，20世纪50年代到70年代中期是一段非常有
欧洲特点的历史时期。简单地说，此时的欧洲是经济增长极
快、国家地位极高与人口增长率极低的综合体，而这种特点也
是欧洲与世界其他地区的不同之处。

去殖民化

20世纪50年代至70年代中期，欧洲与全球的联系也发
生了变化。世界历史上一个特别重大的突破就是所谓第三次去
殖民化。第一次去殖民化是18世纪末19世纪初北美和南美的
去殖民化，第二次去殖民化是19世纪末20世纪初英国殖民帝
国统治下的澳大利亚、新西兰、南非和加拿大的独立。第三次
去殖民化与前两次有几点不同。

155

（1）已获独立的殖民地往往不再像半个世纪以前的美洲那

样，主要是移民者殖民地，并且其大多数或者至少相当数量的居民最初来自欧洲。现在的独立运动都不是由欧洲移民，而几乎总是由原住民发起的。因此，独立运动与欧洲之间的文化差距比以前大得多。

（2）第二次世界大战后的殖民地新独立运动不像 18 世纪末 19 世纪初美国独立运动那样是大西洋共同革命时代的一部分。由此，第二次世界大战后欧洲和殖民地之间的政治差异要大得多。

（3）在第三次去殖民化中独立的殖民地常常试图通过国旗、国歌、首都、政府、总统、议会、法院、军队、民主或独裁政体来模仿欧洲民族国家。但是 18 世纪末 19 世纪初欧洲民族国家也才刚刚起步，还不是一个清晰的典范。

（4）与 18 世纪末 19 世纪初的去殖民化进程相比，殖民统治者和独立运动参与者等直接主体之外的其他主体在这一次中获得了更为重要的地位。特别是美国、苏联和联合国在第三次去殖民化进程中发挥了重要作用。苏伊士运河战争是 20 世纪 50 年代和 60 年代最引人注目的事件。如果美国和苏联没有对英国和法国施加巨大压力，迫使这两个大国结束对苏伊士运河区的军事占领，那么苏伊士运河区的控制权就不会被转移到埃及。联合国通过另外一种方式发挥作用：美英 1941 年签订的《大西洋宪章》呼吁所有国家独立，并计划为以往的殖民地实行托管制度，具有极大的象征意义，这在 18 世纪末 19 世纪初是无可比拟的。

（5）第二次世界大战在第三次去殖民化的许多方面起到了决定性作用。如果没有第二次世界大战，欧洲殖民统治者会保留更多的合法性，就能够在没有战争债务的情况下，推行一项更为稳健的发展政策，也不会因为殖民地参加二战而承担任何债务。在此前的去殖民化阶段，没有发生这种规模的战争。

（6）虽然二战后殖民统治者和独立运动之间的军事暴力并不是常态，但比第一次去殖民化时血腥得多。美国独立战争曾是最血腥的殖民冲突，战争造成美方约 2.5 万人死亡。但在第三次去殖民化最血腥的殖民战争中死亡人数成倍增长：在印度尼西亚的荷兰殖民战争中，估计仅印度尼西亚一方死亡人数就高达 1.5 万；在阿尔及利亚的法国殖民战争中，仅法方就有超过 2.5 万名士兵死亡，而阿尔及利亚方面保守估计有 14 万至 37.5 万人死亡。两次世界大战的过度暴力无疑对殖民地暴力产生了很大影响。此外，殖民国家不再像 18 世纪那样与白人定居者对抗，而是与原住民对抗，在大多数欧洲人看来，原住民并不十分文明。

157

（7）在 20 世纪 50 年代和 60 年代初，第三次去殖民化具有两面性。在若干殖民地获得独立的同时，英国和法国的殖民政策使剩余殖民地的现代化、经济发展以及对农业、工业、基础设施和教育的规划出现开端，当然这一定程度上也伴随对殖民地居民的暴力。殖民政策的复兴与欧洲的经济繁荣和对社会规划的新信念密切相关。18 世纪末 19 世纪初殖民地并不存在这种现代化政策。

（8）第二次世界大战后的第三次去殖民化对欧洲来说比前两次要彻底得多。在去殖民化的早期阶段，美洲旧殖民地的流失可以通过非洲和东南亚新殖民地的建立得到补偿。至少对英国、法国和葡萄牙来说情况是这样的。但对西班牙来说并非如此，西班牙殖民的结束在第一次去殖民化时就基本被确定了。但第三次去殖民化不仅意味着单个殖民地的流失，还意味着欧洲殖民帝国的终结，这也就意味着欧洲失去了 16 世纪以来在世界历史上的中心地位。第二次世界大战后，欧洲本身反而成为非欧洲超级大国——美国和苏联——霸权势力范围的一部分。尽管欧洲国家本身并不是正式的殖民地，但其自主权或多或少地受到了霸权主义的限制。

第三次去殖民化并非在世界各地同时发生。第二次世界大战后，它就马上在远离欧洲的东南亚、东亚以及中东的殖民地开始，并于 20 世纪 60 年代和 70 年代在离欧洲特别近的北非和撒哈拉以南的非洲的殖民地结束。

随着印度、巴基斯坦、斯里兰卡和缅甸的独立，南亚在战后时期实现了去殖民化，与此不同的是，东南亚的去殖民化一直持续到 20 世纪 60 年代，进入了冷战时期。战后菲律宾（1946 年）和印度尼西亚（1949 年）的独立无疑大大推动了战后东南亚的非殖民化。在 50 年代和 60 年代，越南、老挝和柬埔寨最先彻底地从法国殖民统治中独立出来，1963 年马来西亚脱离英国的殖民统治，东南亚的去殖民化最终完成。

去殖民化在这个特殊的、远离欧洲的地区有许多特点。在这里，印度尼西亚、越南和马来西亚的独立战争与世界其他地区相比显得尤为漫长和血腥。此外，非欧洲殖民帝国在该地区的去殖民化过程中所发挥的影响比在世界其他地区要大得多。日本殖民帝国最初只限于东亚，但在第二次世界大战期间，它已经深入东南亚的欧洲殖民地，加速了欧洲殖民主义的崩塌。欧洲殖民者的威望遭到日本的猛烈打击。而东南亚独立运动也运用了他们反抗欧洲殖民列强的经验来反抗日本的统治。

东南亚拥有世界上唯一一个美国海外殖民势力曾到达的地区：菲律宾。美国殖民地去殖民化的示例，即 1946 年第二次世界大战后菲律宾立即实现独立，同样促进了欧洲殖民统治的衰落，这也符合美国政府的意图。此外，在内部文化极为不同的东南亚很早就形成了三种独立运动模式：受圣雄甘地影响的印度非暴力独立运动、实行军事游击战的中国独立运动，以及在印度尼西亚取得成功的穆斯林民族独立运动。

中东的去殖民化不同于东南亚和南亚，因为中东在 20 世纪 50 年代就很少有正式的殖民地存在了，欧洲的统治地位主要包括它的保护国和势力范围。与南亚相似，那里的去殖民化实现的决定性突破在战后初期就出现了：1948 年以色列建国，法国和英国的一系列保护国走向终结（参见第一章第 3 节）。

而在北非，阿拉伯世界的西部地区，去殖民化发生的时间明显要晚得多。在这个地区，去殖民化并不总是意味着正式殖民地的终结，有时也意味着势力范围的终结，1956 年苏伊士运河危机后的埃及就是一个例子。

其他大多数国家则已从现有的正式殖民统治中解放出来。利比亚以前是意大利的殖民地，但在二战结束后成为联合国的托管领地，并于 1951 年获得独立。苏丹于 1956 年脱离英国殖民统治获得独立。1956 年，法国在摩洛哥和突尼斯的殖民统治结束。北非到目前为止最血腥的去殖民化事件发生在阿尔及利亚。该国与北非其他地区不同，但与东非和南非的殖民地相似，有很多欧洲殖民者定居在这里。超过 100 万的法国移民后裔居住在阿尔及利亚，他们一部分居住在城市，一部分居住在农村。根据宪法，阿尔及利亚是法国领土的一部分，严格来说，它不是殖民地，但阿尔及利亚居民也不能拥有平等的政治和公民权利。基于这个原因，阿尔及利亚很早以前就开始了独立运动，并于 1945 年欧洲结束第二次世界大战的同时组织了一场起义，然而遭到了法国的血腥镇压。1954 年法国在越南失败后，阿尔及利亚的独立运动再次活跃起来。

自此，在阿尔及利亚的冲突愈演愈烈。一方面，阿尔及利亚的法裔少数民族，还有大多数法国政治精英强烈拒绝阿尔及利亚独立。法国政府采用暴力、酷刑和现代化发展相结合的手段发动了肮脏的殖民战争。另一方面，大多数阿尔及利亚土著居民希望独立，他们不仅支持独立战争，而且支持在法国本土制造炸弹恐怖袭击。法兰西第四共和国的政治家们没能找到解

160

决这场冲突的办法。直到戴高乐出任总统，通过修正宪法建立法兰西第五共和国，政府才拥有了解决冲突的政治远见和巨大的权力，在 1962 年承认阿尔及利亚独立，并接受法国定居者从该国撤离。

北非的去殖民化也有其特殊性。回顾数百年的历史，我们不难发现，这个地区是所有殖民地中最接近欧洲的地区，与欧洲邻国的关系也很密切。北非的重要城市都居住着欧洲人，尤其是在亚历山大港，还有突尼斯、阿尔及尔和卡萨布兰卡。法国诺贝尔文学奖获得者阿尔贝·加缪出生于北非并经常撰写有关该地区的文章。法国历史学家费尔南·布罗代尔（Fernand Braudel）在 1949 年撰写的享誉世界的著作"地中海"系列中，抱怨过地中海沿岸国家之间的共同历史纠缠。

161 　除此以外，北非与东南亚、撒哈拉以南的非洲不同，而是和中东一样，受共同的语言阿拉伯语、共同的宗教伊斯兰教以及共同的文化影响极深。在英国压力的影响下，阿拉伯国家联盟于 1945 年成立。因此，该地区的独立运动尤其以国际为导向。然而，它们也受到对立的权力中心之间紧张局势的影响，并被分成三个完全不同的流派：一是现代的、世俗的民族主义方向，他们希望阿拉伯社会实现现代化，再也不用被欧洲人殖民统治；二是共产主义方向，并且这一流派的独立运动在冷战期间很快得到了东方集团的国际支持；三是穆斯林方向，然而它在 20 世纪 50 年代和 60 年代并没有太大的影响力，而是到后来才发挥重要作用。

最终，去殖民化在撒哈拉以南的非洲地区得以实现。重要地区在不到十年的时间里以惊人的速度完成了这个进程。这个快速发展的进程始于西非，那里很少有欧洲人定居。加纳于 1957 年在总理克瓦米·恩克鲁玛（Kwame Nkrumah）的领导下取得独立，混乱的尼日利亚在 1960 年脱离英国的统治并获得独立。与此同时，1960 年 14 个法国殖民地同时实现独立，此前法国已确保当地大部分非洲政府、军队和行政机构被建立起来。同年，比利时政府匆忙允许毫无准备的刚果独立，刚果随之陷入了混乱。

东非的去殖民化较为困难，因为那里有许多欧洲人和印度人定居。尽管如此，仍然取得了快速的进展：朱利叶斯·尼雷尔（Julius Nyerere）领导下的坦噶尼喀于 1961 年摆脱了英国的殖民统治，获得了独立。1962 年乌干达获得独立，1963 年肯尼亚在经历血腥的殖民战争"茅茅起义"（Mau-Mau-Aufstand）后获得独立，赞比亚和马拉维于 1964 年摆脱英国殖民统治获得独立。南罗得西亚于 1980 开始由非洲人统治，现在的津巴布韦，二战后唯一的白种人殖民者居住的殖民地，于 1965 年宣布摆脱英国殖民统治实现独立。只有安哥拉和莫桑比克这两块葡萄牙的殖民地，在十多年后，即在 1974 年葡萄牙康乃馨革命和葡萄牙独裁政权崩溃期间，因宗主国的孤立才获得独立。

欧洲政府在去殖民化进程中所扮演的角色经常受到人们的批评，突出体现在三个缺陷上。首先，在许多情况下，特别是在印度尼西亚、印度支那、阿尔及利亚、马来西亚和肯尼亚等地区，为了反对殖民地的独立，欧洲各国政府发动了毫无赢面的殖民战争，造成许多人丧生并导致了巨大的经济损失，更对欧洲与南方世界的关系造成了永久不可磨灭的伤害。其次，欧洲人并没有让殖民地做好独立的充足准备，他们并没有为殖民地培养足够的政治、行政和军事精英，也没有为殖民地经济进入世界经济做好准备。此外，他们还创建了很多专制的国家政体，这些国家内部往往存在着宗教和种族的紧张局势，像在南亚次大陆、尼日利亚和乌干达那样不可避免地要面对血腥内战。最后，欧洲政府常常无法精确计算，维持殖民地统治在政治上和经济上是否对自己仍然有益。

164

欧洲和全球组织

在第二次世界大战后的几十年里，欧洲全球影响力的减弱不仅是因为其殖民统治的结束，而且是因为战后时期它在世界国际组织中地位的衰落，这一点经常被人们忽略。这种说法不仅仅适用于殖民大国。从战后初期到 20 世纪 70 年代，还有很多西欧国家和欧洲中立国家的人员在国际组织中担任领导职务，因此欧洲仍拥有很大的全球影响力。五个拥有一票否决权的安理会常任理事国中有两个是欧洲国家，即英国和法国。联合国前两任秘书长都是欧洲人。直到 70 年代中期，教科文组织总干事都主要来自欧洲。根据与美国达成的一项协议，国际货币基金组织的执行董事、关贸总协定总干事和世界粮农组织最初的总干事都是欧洲人。在这一时期，只有世界银行行长以及联合国儿童基金会的执行董事是美国人。正是由于欧洲的巨大影响，总部设在纽约的联合国重要附属机构搬到了欧洲。联合国教科文组织、联合国粮农组织将总部分别设在巴黎和罗马，联合国贸易和发展会议（UNCTAD）和联合国志愿人员组织（UNV）将总部设在日内瓦，国际劳工组织（ILO）也在这座城市占据了一席之地。然而，毫无疑问，人们不能因此高估欧洲在当时世界组织中的影响力。如果违背了两个超级大国的意愿，欧洲人将无法执行任何重要的决定。最重要的是，他们在世界组织中并不是一个统一的参与者。相反，欧洲人因各国分属东部集团或西部集团而陷入严重的分裂。此外，他们通常认为他们在世界组织中的活动不是代表欧洲而行动，而是一种对国家或全球的义务。

然而，20 世纪 60 年代和 70 年代，在国际组织中占据领导地位的西欧人员大为减少。尽管英国和法国仍然是联合国安全理事会中的两大常任理事国，但欧洲人只是偶尔被选为联合国及其下属组织的最高官员。从这时开始，亚洲人、拉丁美洲人和非洲人在国际组织中占主导地位。这合乎逻辑：随着去殖民化进程的推进，联合国大会中非欧洲成员国的数量不断增加，且每个成员国在联合国中都有自己的一票。1950 年前后，联合国约 60 个成员国中，欧洲是除拉丁美洲外拥有代表最多的世界区域，拥有联合国将近三分之一的成员国。只有少数成员国，当时不超过 10 个国家是之前独立的殖民地国家。相比之下，在 70 年代中期，联合国差不多 150 个成员国中，只有大约 25 个，即只有六分之一的国家是欧洲国家。绝大多数国家是位于非洲和亚洲的前欧洲国家殖民地。只有在布雷顿森林体系、世界银行集团和国际货币基金组织中，西欧国家才保留了它们的影响力，因为投票权依赖于财政贡献，而它们的财政贡献很高。

　　当然，国际非政府组织也深刻影响着西欧。从战后时期到 20 世纪 70 年代，他们的总部一直在欧洲。一些经典的组织情况便是如此，例如 1864 年成立的总部设在日内瓦的国际红十字会、基督教会、各国的欧洲发展基金会以及当时新成立的非政府组织。其中，人权组织大赦国际是由一位英国律师创立的，它具有很大的影响力，总部设在伦敦。虽然最初以令人震惊的行动出现在世界公众面前的绿色和平组织是 1971 年由美国和加拿大的活动家创立的，但是在 70 年代一直很依赖欧洲办事处，并于 1979 年将总部搬迁到了阿姆斯特丹。不太引人注目的环境保护组织世界野生动物基金会于 1961 年在瑞士成立，目前总部仍设在离日内瓦湖不远的瑞士格兰德（Gland）。人道主义危机援助组织无国界医生（médecins sans frontières）于 1971 年由一群法国医生创立，它主要以欧洲国家为依托，总部设在日内瓦。

　　在非政府组织中，欧洲也不是一个统一的参与者。然而，欧洲人在国际政府组织和非政府组织中的活动均没有彼此协调，既没有国家政府之间的协议，也没有欧洲经济共同体或欧洲委员会等机构的参与。在这些国际组织和非政府组织中，欧洲人的社会交往是否密切，以及这些组织的欧洲领导人是否认为他们的自我形象与欧洲密切相关，都是令人怀疑的，但至今尚未有这方面的调查。此外，对于国际非政府组织究竟能够对联合国及其附属机构的决策产生多大影响，历史学家也持不同观点。但至少在 20 世纪 50 年代到 70 年代，西欧的非政府组织拥有相当大的道德权威，并且对国际公众产生了虽无法具体衡量，但很重要的影响。

冷 战

这一时期的冷战是否弥补了欧洲与世界其他地区之间因去殖民化以及欧洲对世界组织影响力减小而联系减弱的情况？尽管自 20 世纪 40 年代末以来，冷战一直是一场全球性的冲突，但它并没有吸引或迫使欧洲卷入新一轮全球一体化。这主要有以下几个原因。

在冷战期间，两个超级大国并没有建立全球军事和政治联盟，只建立了各自的区域性联盟。欧洲人参与的联盟，即西欧国家加入的北约和东欧国家加入的华约，都是仅限于欧洲的区域军事联盟。与两个超级大国不同，在发生战争的情况下，欧洲西部或东部联盟的部队本身只能部署在欧洲内部。当时北约没有像 20 世纪 90 年代以来那样在欧洲以外开展全球军事任务。因此，这些联盟内部还并没有全球视角。朝鲜战争和越南战争是两大例外，它们在很大程度上影响了欧洲的公众。越南战争不仅在美国内部，同时也在西欧引发了深刻的政治冲突。

缓和政策，冷战时期的重要元素，也是在区域范围内实行的。1955 年举行的日内瓦会议完全局限于欧洲的问题；欧洲安全与合作会议作为 20 世纪 70 年代缓和政策的主要论坛，并且于 1975 年通过谈判达成了重要的《赫尔辛基最后文件》，虽然也包括美国和加拿大两个北美成员国，但它主要针对的是欧洲问题而不是全球问题。总的来说，尽管冷战是一场全球性的冲突，但欧洲人通常只参与了冷战欧洲地区的冲突。

在冷战期间，欧洲各国政府没有试图冲破这种地区性的束缚，也没有违背超级大国的意愿建立新的全球关系。唯一的例外是南斯拉夫总统铁托（Tito）、印度总理尼赫鲁（Nehru）和埃及总统纳赛尔（Nasser）之间不结盟的国家合作政策。

即使在冷战的另一个领域，即与共产主义独立运动进行的殖民战争中，欧洲的全球关系也没能长久免于中断。在与共产主义独立运动的对抗中，如果欧洲殖民国家被击败（如法国在印度支那），新的共产主义政府将严厉断绝与这些原殖民宗主国的关系。如果欧洲殖民国家获胜（如在马来西亚），殖民国家最终仍要承认其殖民地的独立地位，尽管新政府与殖民国家政治方向不同。此外，美国试图尽可能亲自掌控这些冷战时期的殖民冲突。在印度支那半岛，美国在 1954 年法国战败后继续在越南开战。在苏伊士运河事件中，面临埃及在冷战中站在苏联这一边的风险，联合国授权美国士兵取代英国和法国占领军。苏联也没有将其欧洲盟国拖入殖民战争。苏联不是让它们，而是让古巴军队支持安哥拉的共产主义独立运动。

然而，20 世纪 50 年代以来，发展援助使欧洲与西方和东方阵营之外的世界其他地区建立了新的联系。发展援助遵循的原则与欧洲殖民国家的殖民现代化政策相似，但它拥有更广泛的意义，因为它是由所有欧洲国家，甚至包括那些没有殖民地的国家倡导的，目标是促进非洲、拉丁美洲和亚洲国家按照北方国家的市场经济模式或者共产主义模式发展。为此，欧洲向

169

发展中国家投入大量的资本、投资品和消费品，并派去大批专家以及政府代表和公司代表。来自发展中国家的学生在欧洲和美国的大学学习，或在那里的公司接受培训。这样，欧洲就和北部以外的世界地区之间建立了联系。

发展援助常常与冷战联系在一起，用来将非洲、拉丁美洲或亚洲国家与各自所属的阵营联系在一起。因此，欧洲内部出现了一种新的竞争关系，不再是各帝国之间的竞争，而是东欧和西欧之间的竞争。

通过发展援助和经济关系产生的这些新的相互关系类似于富有的、发达的、优越的欧洲人和贫穷的第三国家人民之间根深蒂固的不平等殖民关系，不过比殖民统治时期弱得多。作为发展组织、欧洲政府部门或欧洲公司的代表生活在非洲、拉丁美洲或亚洲的欧洲人与此前殖民时期居住在殖民地的数百万欧洲人相比，实为九牛一毛。

迁徙和旅行

20世纪60年代以来，欧洲从殖民地撤出以及在国际组织中的权力丧失有没有通过全球人口迁徙和由此形成的新的相互依存关系获得弥补？许多证据表明没有。去殖民化导致欧洲人大规模、永久性地从非洲和亚洲返回欧洲。欧洲的全球联系由此减少。1940年到1975年约有700万欧洲居民从殖民地返回欧洲。仅阿尔及利亚就有超过100万法国人返回祖国。虽然返回欧洲的人将他们对世界其他地区的了解带给了欧洲公众，并试图在他们的母国或国际组织中开创新的国际化事业，有人成功，也有人失败，但只有一部分返回者仍与故地保持联系。

殖民地的欧洲人回到原大陆，并没有真正通过欧洲居民迁出和由此带来的新洲际联系而得到平衡。尽管许多欧洲人在战后迁出欧洲，但最后一次涉及数百万欧洲人的大规模移民浪潮在 20 世纪 50 年代欧洲经济蓬勃发展的初期就结束了。移民主要迁移到美国和拉丁美洲，使欧洲和大西洋地区的国家联系更加紧密。相反，很少有移民迁移到非洲和亚洲地区。

在 20 世纪 50 年代和 60 年代，欧洲与非洲和亚洲世界之间断绝的联系，并没有因为非洲人或亚洲人移民到欧洲而真正恢复。虽然这些来自前殖民国家的移民从战后初期就开始迁移，但到此时，欧洲人甚至移民者本身都没有视此为永久性移民，而只是看作一种临时劳工移民。当时，来自移民国家的科学家、作家和知识分子中，能够担任欧洲和非欧洲国家之间的文化调解员的还很少。虽然移民本身与他们的原籍国之间维护着密切的联系网，但当时它很难被视作欧洲与亚洲、非洲世界之间的联系网。相反，前殖民地的精英们越来越倾向于送他们的子女到国外读书，或者家庭旅行时更倾向于去美国，一部分也去苏联。

20 世纪 50 年代和 60 年代，全球旅游对欧洲与亚洲、非洲世界的联系也影响甚微。只有少数欧洲人曾去大西洋地区以外的区域旅行。欧洲的大众购买力在经济繁荣的初期普遍还很弱，世界各地旅行的成本仍然很高。此外，由于冷战，人们也很难到世界大部分地区旅行。而且，通过大众旅游与其他国家建立真正紧密的国际和洲际联系，从根本上也是值得怀疑的。

最后，在 20 世纪 50 年代和 60 年代，在非洲或亚洲国家的长期性或永久性的工作停留也很少了。当然，也有欧洲人如 19 世纪和 20 世纪初期一样，作为传教士、大公司雇员、科学家、学生、外交官或发展工作者在亚洲和非洲居留。但这个时期的移民人数与殖民时期难以确切估计的移民人数相比要少得多。如今的移民统计常常会显示有大量的海外工作或因海外工作而形成的大规模国际居留存在，这些在当时几乎是没有的。

欧洲和世界公众

20 世纪 50 年代至 70 年代，欧洲在世界公众眼中的形象发生了变化，世界其他地区在欧洲人眼中的形象也发生了变化。这里描述的欧洲的特殊性可能让人感到意外：世界并没有将欧洲大陆视为一个充满活力、快速增长的现代经济典范，没有贫民窟的现代城市扩张的典范，以及亲密家庭关系的典范。而当时的美国虽然经济增长速度不如欧洲，却被认为是现代经济的典范。与美国相比，欧洲被认为是落后的。从当时社会进步的指标，例如汽车、冰箱、电视机和电话的数量来看，美国显然比大多数欧洲国家拥有更高的人均国民生产总值和更高的生活水平。此外，美国的科学比欧洲的科学更发达，美国人获得了更多的诺贝尔奖。

世界其他地区认为欧洲的重要性大大降低，这种情况并不是第一次出现。在第一次世界大战中欧洲所代表的积极的全球模式遭到破坏，而在第二次世界大战中它进一步失去了道德信誉，并且二战之后欧洲十分贫穷，也因而丧失了吸引力。最重要的是，殖民战争进一步损害了它的声誉。相反，美国并没有发动两次世界大战、实行独裁统治或进行殖民战争，因而没有在道德上名誉扫地。同时，与美国不同，欧洲并没有通过广告、电影、音乐、电视、小说和科普作品等方式宣扬它在消费方面的生活模式。此外，欧洲在冷战中不是像美国或苏联那样的全球参与者，也不是世界公众所仰视的超级大国。

欧洲仅在两个领域对世界公众发挥过引领作用：关于福利国家的讨论以及文化方面。对于世界上的一些地区，如拉丁美洲、日本、非洲部分地区，以及美国的某些政治团体，二战后，欧洲成了国家社会保障的典范，因为在西方世界中，其他任何地方的福利制度都没有发展到这个程度。西欧模式的主要代表是改革后的福利国家英国和瑞典，而不再是两次世界大战之间的德国和奥地利。相反，世界上其他地区则将苏联和东欧的国家社会保障体系视为典范。

然而，西欧福利模式的国际吸引力总体上存在两种局限。一来它很难被当作参照物，它在世界其他地区并没有真正被模仿过。二来这个模式通常仅被视为对美国模式的修正和补充，而不是美国模式的全面替代方案。

此外，尽管欧洲在两次世界大战期间经济衰退，政治名誉受损，但它仍然是文化典范。欧洲的知识分子往往具有全球吸引力，其作品至少在西方世界被广泛阅读。欧洲古典文化及音乐、绘画、建筑和哲学继续引领着世界许多地区。对世界其他地区精英们的子女来说，在欧洲学习仍然具有吸引力。

从整体上看，世界人民对欧洲的兴趣有所减弱，欧洲本身对世界其他地区的兴趣也在减弱。当然，欧洲部分地区，主要是法国和英国，仍然对前殖民地大陆存在着很大的兴趣。另一部分地区则不再关心全球发展，而对美国和苏联十分感兴趣，并开始将注意力主要集中在自己所在的地区。

欧洲学界对世界其他地区的兴趣仍然非常有限。当时美国开展了覆盖世界所有地区的区域研究，中国和印度也依然相当关注世界其他区域的历史、哲学和文化，欧洲却错过了这一趋势。即使在以前的欧洲殖民国家，也只有少数几所大学能找到研究世界其他地区的专家。1975 年因全球计划而成立的院校，如法国社会科学高等研究院（École des Hautes Études en Sciences Sociales）及其前身巴黎高等研究应用学院第六系（Sixième section der École pratique des Hautes Études，1947 年）、1916 年在伦敦成立的亚非学院和荷兰莱顿大学，仍然是个别的案例，并没有普遍对大学生活产生影响。

总体而言，20 世纪 50 年代至 70 年代初至少是欧洲全球相互依存的停滞时期，如果不是衰退时期的话。随着去殖民化进程，欧洲和世界非欧洲地区之间的联系松动了。二战后，欧洲人在世界组织中的影响力从 60 年代开始下降。欧洲不仅从一开始就受到美国、苏联等新超级大国的压制，而且越发在联合国及其分组织中受到众多诞生于去殖民化进程的亚洲和非洲国家的限制。

175 　　通过迁徙产生的全球联系也减少了。1945 年之后的欧洲外迁潮建立了新的相互联系，但这种联系持续的时间很短。欧洲人从殖民地的大规模回迁最初只是在一定程度上受到殖民地原住民迁往欧洲形成的新型移民的调和，因为移民在欧洲社会中往往被孤立，无法作为他们原籍地和欧洲之间的桥梁。

　　冷战还将西欧人的注意力限制在大西洋地区，将东欧人的注意力限制在苏联控制区，因为除了朝鲜战争、古巴导弹危机和越南战争，欧洲很少被卷入全球层面的冷战。除少数国家外，欧洲公众普遍对冷战期间他们自己区域以外的全球问题关注度下降。毕竟，欧洲自身也只在狭窄的领域内成为全球关注的焦点，比如福利国家模式和高等文化方面。它在世界其他地区受到美国和苏联的排挤，不再代表一种全面的经济、文化和政治模式了。

第三章
繁荣的结束与新的选择多样性
（1973~1989 年）

1　共同的新时代

20 世纪 70 年代，一个新的时代逐渐开始了。现在历史学家视这一时期为 20 世纪的重大转折之一。与 1945 年和 1989 年的转折不同，这次转折并不是发生在一年之内的，但是它体现在许多方面的发展中，无论是在经济方面，还是在社会、文化或者政治方面。

经济方面

这一新的历史时期尤其在经济方面与众不同。1973 年的第一次油价冲击往往被视为经济转折的最重要标志。中东、非洲和拉丁美洲石油输出国组织（OPEC）毫无征兆地将石油价格从每桶 3 美元左右上调至每桶 12 美元左右。第二次油价冲击是 1979 年油价从每桶 16 美元左右上涨到每桶 24 美元。欧洲人不仅为油价高企和由此带来的通货膨胀震惊，这次冲击还令许多欧洲人突然认识到，能源供应正在触及储备极限；此外，它还让西欧清楚地认识到自己对并不非常信任的非西方国家的依赖。

国际经济关系中，还有一个事件同样影响深刻，但它现在已几乎从欧洲人的记忆中消失了：1973 年布雷顿森林货币体系的终结。这种固定汇率制度是西方国家在 1944 年建立的，并以美元为中心。此后，情况发生了根本性变化。人们对世界贸易体系的信心不再像二战结束时那样岌岌可危，而是得以重塑。世界贸易蓬勃发展，与战时和两次世界大战之间的时期不同，西方国家接受向国际开放市场的原则，不再让国家之间灾难性的经济隔离构成威胁。另外，其他西方国家对美国的负债也不再像二战刚结束时那样沉重。

况且由于越南战争，美国自身也负债累累。这使得以强势稳定的美元为基础的布雷顿森林体系陷入困境。美国债务对美元造成持续性压力，因为国际资本逐渐从容易发生通货膨胀的美元向西欧货币——主要是西德马克和瑞士法郎流动。为了能够摆脱这种压力，实施有利于美元的干预，并结束与欧洲政府不断讨价还价以提升美元价值的头痛行为，尼克松政府于1973年宣布废除固定汇率制度。这让西欧的出口经济形成全新的局面，因为从此时开始，出口收入受到货币波动的影响，变得难以预测。

这些事件，即石油价格冲击以及布雷顿森林体系的结束，是一个新时代开始最明显的标志。另外，经济方面逐渐出现五种新的发展情况，它们大多与这两个经济事件密切相关：（1）经济增长放缓；（2）货币主义在货币和经济政策中产生新的、强大的影响；（3）撤销管制规定并对迄今为止的公共部门实行私有化；（4）重新实行全球化；（5）从工业社会向服务型社会过渡。通过这些发展，两个轰动一时的经济事件才得以开启一个新的经济时代。

经济增长放缓。经济增长放缓这一特征将新时代明显地与以前欧洲漫长且异常繁荣的"黄金三十年"（trente glorieuses）区别开来。根据经合组织的计算，到20世纪70年代中期，西欧的年实际经济增长率在短时间内从4%左右下降到略高于2%。即便在经济增速依然较高的欧洲国家，如法国、意大利、奥地利、芬兰和挪威，经济增长率也经历了明显下降。从今天的角度来看，这样的数字是正常的。但它们令当时的欧洲人深感不安，原因有几个。首先，在经历了长达 25 年的繁荣之后，经济学家和未来学家预测未来经济会持续繁荣，在这种情况下，新的经济数据令人失望。其次，20 世纪 70 年代初以来，通货膨胀加剧也令欧洲人深感困扰。根据官方数据，在 1970 年至 1980 年，整个欧洲的物价平均上涨了 2.5 倍。东欧通货膨胀最严重的国家是物价上涨到原来的 5 倍的南斯拉夫，西欧的葡萄牙与之涨幅相近，英国、爱尔兰、意大利和希腊的物价也几乎达到了原来的 4 倍。

　　尽管通货膨胀并非在各处都如此严重，但即使是在瑞士这个价格稳定的模范国家，物价也上涨了一半以上。官方数据显示，只有捷克斯洛伐克和民主德国的物价仍保持稳定。必须补充的是，并非所有欧洲国家都受通货膨胀相同程度的困扰。在 20 世纪 20 年代前期经历过恶性通货膨胀的德国和奥地利，人们的担忧远比不曾有这种糟糕体验的法国人或英国人多。

　　在 20 世纪 80 年代，通货膨胀再次袭来，欧洲出现大规模失业，在每一次经济下滑中，失业状况都会恶化，即便在随后的经济复苏中也无法恢复到以前的水平。70 年代初，西欧的失业率仅略高于 2%，即达到了充分就业的水平。根据经合组织的计算，失业率自 70 年代后半期开始上升，1980 年前后西欧平均失业率已达到 6%，1989 年前后甚至上升到了 10%，并且在 90 年代持续上升。

　　为什么长时间的经济繁荣以及低失业率在 70 年代中后期中止了呢？第一种解释认为，增长率下降是欧洲增长回归常态的表现。这种观点认为，此前的经济增长是相当不同寻常的，两次世界大战的破坏性影响和两次世界大战之间错误的经济政策导致欧洲经济发展相比其经济潜力产生了倒退，而欧洲又用

180

四分之一个世纪的时间弥补了这一后果。按照这种观点，这一非同寻常的时期在 70 年代结束了，因为欧洲的经济潜力现在得到了充分利用。第二种解释涉及全球化背景下新的经济形势。这种观点认为，全球经济竞争加剧导致生产地点和工作岗位从欧洲转移到成本较低的第三世界国家，是欧洲经济低迷、失业率上升的决定性因素。在持这种观点的人看来，外在的世界经济状况是起决定性作用的。

第三种解释认为，主要原因在于欧洲经济内部的弱点。要么是其创新力量衰退了，这可能是强有力的福利国家制度导致的，可能是工会的强大势力导致的，可能是与经济水平相差太远的落后教育系统导致的，也可能是效率低下或者欧洲企业家的风险意识不足导致的；要么是工业社会被逐步淘汰了，19 世纪以来欧洲经济增长一直依赖于工业社会，欧洲一直很难找到一个充满活力的替代方式；要么是缺乏 20 世纪 40 年代那种有远见的重大经济政治决策；要么是没有出现一个能够促进关键领域（就像 50 年代和 60 年代的汽车行业）发展的重大创新。

货币主义。 不仅经济增长速度发生改变，70 年代以来，西方经济学以及政策顾问和决策者的现行经济概念也发生了根本性的改变。直到 20 世纪 70 年代，凯恩斯主义虽从来没有完全占据主导地位，但也扮演了最主要的角色。这一政治经济概念既影响了国际经济政治，又影响了国内经济政策和福利国家的建设。它试图从两次世界大战间隔期灾难性的经济政策中吸取教训，执行富有成效的政策。

英国经济学家约翰·梅纳德·凯恩斯开创了以其名字命名的凯恩斯主义，他本人也参与了布雷顿森林货币体系的建立。这是凯恩斯主义的一个重要元素。此外，凯恩斯以其反周期经济政策原则影响了欧洲许多经济决策者：在经济下滑的情况下增加政府支出，增加国家债务；反之，在经济上升的情况下，减少政府支出和国家负债。建设现代福利国家和通过扩展国家教育产业规模来培训劳动力技能是其就业政策的重要组成部分。从 20 世纪 40 年代末到 70 年代中期的经济繁荣时期，凯恩斯主义主要影响了英国、比荷卢三国和斯堪的纳维亚国家的社会民主党政府以及德意志联邦共和国的联合政府。一些保守党政府也吸收了这种经济政策方针的某些要素。

70 年代以来，凯恩斯主义越来越受到批评。受其影响制定的经济政策被视为 70 年代通货膨胀的决定性因素。国家补贴的大幅增加也被归因于此，而面对相关利益集团的抵制，这些补贴在政策上很难被取消。凯恩斯主义还被认为是导致国家官僚机构臃肿，甚至国家支出不断增加的主要原因。

20 世纪 50 年代和 60 年代也出现了与凯恩斯主义完全对立的观点，主张完全相信市场的控制能力，开放自由汇率，减少政府对经济的干预，拒绝建设福利国家。持这种观点的主要代表人物是欧洲的经济学家弗里德里希·冯·哈耶克和他的美国同行米尔顿·弗里德曼（Milton Friedman）。但这些经济政策概念的影响在当时是有限的。哈耶克在 1947 年创立朝圣山学社，一个由欧洲和美国自由经济学家组成的团体。成员通过激烈的讨论，逐渐形成了要求放开汇率和结束反周期经济政策的理念。

183

这就是所谓货币主义概念，它首次在政治决策上实现的突破是 1973 年尼克松政府退出固定汇率制度。80 年代，货币主义在政治和科学上的影响力达到顶峰。西欧经济学在很大程度上以此为典范，背离了凯恩斯主义。这一概念也逐渐影响了西欧各国政府和欧共体委员会。尤其是该经济政策的三个目标对西欧的影响越来越大：稳定国家预算和减少公共债务；稳定货币和抵制通货膨胀（通货膨胀在 80 年代确实有所下降）；国家从众多服务部门中撤出。这些目标不仅是各国政府所追求的，也是欧洲共同体和后来的欧盟所追求的。因此，在 20 世纪 90 年代构想欧盟共同货币体系时——尤其在德意志联邦共和国的施压下——人们要求参与国承诺保障国家公共债务限额和低通货膨胀率。

放松管制。第三个新趋势与经济增长速度的下降及经济政策概念的变化密切相关，那就是公共部门实行私有化和放松管制政策。该政策在五个领域得以贯彻，但很难像经济增长的倒退一样给出确切的时间。第一个领域是国有企业的再私有化，涉及的是第二次世界大战后，特别是在英国和法国，马上收归国有的银行以及钢铁、汽车、采矿、基础供应、通信服务等产业内特别重要的大企业。20 世纪 80 年代英国的撒切尔政府便是国有企业再私有化的先驱。

慢慢地，私有化也在第二个领域展开，即如今的公共服务领域，包括铁路、港口、机场、航空公司、邮局、电话、城市交通、水电气的供给以及垃圾清理。在第三个领域，媒体领域，自战时一直占主导地位的国家广播和电视媒体很少被直接私有化，因为大多数政府依然想以此保持对政治公众的影响力。80 年代以来，放松管制主要体现在允许私人电台进入，这些广播机构逐渐获得了比公共机构更多的听众和观众。70 年代开始，第四个实现私有化的领域包括国家对货物进行的质量控制，对生产过程和私人车辆进行的技术监测，对地下工程和地上建筑的安全管理，车票检票系统，以及对公共行政部门、大学和中小学的质量评估。

第五个领域，即在福利国家制度、城市规划、卫生和教育方面，人们也有关于私有化问题的讨论。这些国家干预的领域尽管因国家和地区的不同而稍有差异，但一直都存在不少预防贫困和提供护理的私营社会保障机构，还有私立的、主要由教会机构领导的中小学校和大学，以及由个体经营的城市翻修工程，其中大多是非营利的，也有个别以盈利为目的。不过总体而言，在 20 世纪 70 年代和 80 年代，私有化和放松管制在这些领域仍然是一个边缘现象；政府的社会福利支出虽短暂减少，但从长远来看，仍有增加。

总体而言，放松管制和私有化不仅是为了提高经济生产力或供应多样性，也是为了节省陷入低谷的公共预算，提高公共行政的效率和去除官僚主义。面对私人垄断、价格上涨和服务变差的风险，这些希望并非都能实现。放松管制和私有化通常并不能在弱国强制执行，而只能由强大的政府执行。此外，国家往往保留最后的控制权，并对私有化的企业实行比国有企业更严格的控制和管理。

全球化。新一轮全球化的开始也是 20 世纪 70 年代和 80 年代的特点。欧洲历史上的第三次全球化是否真的直到 70 年代和 80 年代才开始，抑或在第二次世界大战之后马上就开始了——这是存在争议的（详情请参见第三章第 3 节）。

从工业经济到服务业经济。同时代人很少注意到的是第五个根本性的经济变化：从工业就业占主导地位向服务业占主导地位的过渡。在整个欧洲（不包括土耳其和苏联），1970 年前后工业约有 8300 万从业人员，仍然是最大的就业部门，而服务业当时的从业人员已达到 8000 万。这种工业主导地位塑造了一些独特的欧洲城市景观，在主要工业城市仍然可见，但它在当时已经陷入危机。1980 年前后服务业拥有 1.02 亿从业人员，已成为最大的就业部门。工业从业人员虽上涨到 8500 万，但仍落后于服务业，屈居第二。欧洲人很少主动意识到这一转

185

变，因为服务业产品在空间上不像工业产品那样集中、可视。
而且人们仍然相信工业是现代经济的引擎，并且当时没有人从
整体角度观察欧洲的各个产业。直到 20 世纪 90 年代，欧洲人
才逐渐意识到这一变化。

社会方面

欧洲在社会历史方面也有一个重要事件，标志着新历史时
期的开始。1967 年 6 月西柏林发生街头冲突，尤为重要的还
有 1968 年 5 月发生在巴黎的街头冲突。1968 年法国"五月风
暴"（Mai'68）现在已经成为人们津津乐道的传闻，甚至比
1973 年第一次油价冲击以及布雷顿森林体系的结束还要热闹。
这个传闻包含了三个关键要素。第一，"五月风暴"被视为一
场根本性变革的征兆，是对公民和社会价值的新理解。第二，
在当时的社会中，学生这个很小的群体被视为实施这一转变的
关键角色。第三，"五月风暴"与刚成年的年轻人和大约 30 岁
以上的社会老一辈之间的激烈、极端甚至诉诸暴力的代际冲突
有关。因此，"五月风暴"既不是一场传统的大规模民众起义
那样的欧洲革命，也不是一场没有激烈抗议和明确可辨识行为
的"无声"革命。

实际上"五月风暴"并不单纯是一个新时代的开始。它的
诱因出现在经济繁荣时期，有三个原因至关重要。首先，老一
辈和年青一代完全不同的人生经历发生了对撞，对比鲜明。老
一辈人仍然受到二战、独裁、军事占领、战后困境以及通过个
人努力重建欧洲等经历的影响，他们能够理解战争中关于道德
和人性的灰色地带。相反，年青一代只经历了繁荣时期，西欧
大部分地区的年轻人只经历过民主体制，只从老一辈的叙述中
了解战争和战后危机，因此除了看到成就，他们也看到了当时
社会的弱点。

其次，欧洲社会也受经济和社会急剧变革以及工作、家庭、消费、价值观、福利国家制度、城市和教育迅速变化的影响。因此，社会具备基本可变性和计划可行性，拥有全新的前景，以及能为更美好的未来采取社会大规模干预措施，是这个时代的基本经验。

最后，烙印在当时欧洲民众脑海中的是新的民主建设、对1945年后岁月的巨大希望，以及对法西斯独裁统治的彻底摈弃。他们同时又很恼怒，因为当时的模范民主国家，特别是美国、法国和英国，都在进行极不人道的战争，即越南战争、阿尔及利亚战争以及马来西亚和肯尼亚的血腥殖民战争，还分别在国内镇压民权运动，镇压美国非裔、法国的阿尔及利亚人和英国的爱尔兰人。在联邦德国、法国和意大利街头的冲突中，伤者，个别情况下甚至还有死者，以及没有接受过国内冲突应对培训的警察，都进一步加剧了年轻人的失望。

"五月风暴"虽然是一个重要的象征，但它并不是随后欧洲70年代和80年代大多数社会变革的导火线。"五月风暴"的追随者既不希望发生也没有预见到大部分这些重要的转变。在繁荣时期之后，四个重要的变化对欧洲社会产生重要影响：对未来的怀疑、生活水平改善速度的放缓、社会选择方面的新的多样性以及新的国际依存和趋同。

188

对未来的怀疑。人们对未来的态度转变是第一个重大的变化。繁荣时期形成的乐观态度、对社会的规划、社会科学专家和未来学家的声望，以及人们对历史传统持有的强烈怀疑态度，渐渐被对未来的怀疑和越来越多的批评——包括对国家规划和社会政策的批评、对福利国家制度的批评、对城市规划及医疗和教育政策的批评、对社会科学专家的批评——以及后来对历史传承的敏感谨慎取代了。"没有未来"（No future）成为一个流行的口号。批评不是来自一个政治流派，而是来自三个截然不同的政治圈子。

首先，主张自由市场的派别对欧洲社会政策的批评愈加强烈。它看到了福利国家制度以及卫生和教育政策方面过度臃肿的官僚体系。其高额的费用影响了欧洲经济的全球竞争力，同时也限制了个人能动性，从而削弱了欧洲社会的创新能力。从这个角度看，围绕福利机构、医疗系统、城市规划和教育形成的整个利益组织和关系网络导致欧洲社会不流动，这使得社会政策的自由化极其困难。

其次，从70年代开始，在支持国家强力干预的圈子里，对欧洲社会政策的批评也愈加强烈。在他们看来，繁荣时期结束后，福利国家尤其要因其效率低下、漏洞百出、发展方向有误受到批评：新的贫困出现了，老年人在生命的最后阶段需要照顾，福利国家却无力应付；彻底的城市改造破坏了当地的邻里关系网络，导致个人孤立于社会，新建的居民区服务却又跟不上；庞大的卫生健康系统、庞大的社会福利官僚体系和大型医院建立起来了，病人却在其中迷失方向；高校过度拥挤，却又没有为妇女和移民提供足够的学习机会。

最后，新的社会运动又以不同的方式对繁荣时期的社会政策作出批评。它们批评国家社会保险、医疗、城市规划和教育过度官僚化，批评它们远离公众，远离服务群体的个体需求，同时也批评了它们组织薄弱。因此，它们要求更小的、结构简单的机构，要求让服务对象有更多的参与。

生活水平和社会不平等。第二个重大变化是，这个阶段的生活水平和社会不平等与50年代和60年代的有着根本不同。欧洲财富的迅猛增加大约持续了四分之一个世纪，却并没有继续下去。生活水平只是得到了缓慢提高，在许多方面甚至出现了恶化。此时的欧洲人已经习惯了满足于已经取得的成就，并不期待未来有什么改善。在生活水平、收入水平、住房条件、教育机会和健康状况几个层面，跨越式发展已经结束了。

在繁荣时期飙升到很高水平的工资失去了继续发展的动力。在 20 世纪 70 年代的西欧企业中，即使在第一次油价震荡和经济增长陷入低迷之后的数年里，工资按票面价值也仍以每年 10% 的幅度增长；即使它们的增长率在 80 年代有所下降，但票面价值仍保持了 3%~5% 的年增长率。然而，这些收入增长仅是票面价值。价格上涨在很大程度上抵销了这些收入增长。根据经合组织的计算，在 70 年代，工业领域实际工资每年就只有 2% 的增长或更少，到 80 年代甚至不到 1%。西欧在 80 年代消费的增长速度也不及 70 年代的一半。

欧洲东部也有类似的趋势。这里举两个例子。在匈牙利，实际工资在 50 年代至 70 年代初翻了一番，尽管增长一直持续到 70 年代末，但随后在 80 年代开始下降。因此，到 80 年代末，实际工资仅略高于 70 年代的水平。1975 年至 1989 年，民主德国平均劳动收入仅增加了四分之一，而此前在 1950 年至 1975 年增加了两倍。欧洲人被迫适应新的收入趋势，减少额外消费。

教育机会的增加也不再像 50 年代和 60 年代一样迅猛。那时，整个欧洲同一年出生的人中，大学生占比几乎上升了三倍，从 4% 上升到 15%。然而在 70 年代和 80 年代，这一比例仅翻了一番多，从 15% 上升到 34%，但也由此达到了不可能再有大幅提升的规模。包括教育预算在内的公共预算紧缺，公众对教育话题的兴趣下降与个人收入增长放缓一样，遏制了教育的发展活力。

70 年代和 80 年代，人口的健康状况也没有像繁荣时期那样得到显著的改善。最能反映问题，当然也非常复杂的指

190

191

标——预期寿命——增长比以前缓慢。在整个欧洲，50 年代和 60 年代，男性预期寿命增加了 5 年，女性甚至增加了 6 年，而 70 年代和 80 年代，男性预期寿命只增加了 3 年，女性只增加了 4 年。这些平均数字掩盖了欧洲内部的显著差异，甚至在某些情况下，东欧发达社会的男性预期寿命出现了异常的缩短，女性的预期寿命也停滞不前。

生活水平提高速度放缓是与社会不平等方面出现的转变相伴出现的。20 世纪 80 年代以来，这一现象又开始尖锐化。在 50 年代和 60 年代，经济学家注意到收入差距缩小，特别是最高收入和最低收入之间的差距。然而，80 年代以来，这一趋势出现了逆转，收入差距重新拉大。

这一转变反过来又与下面一系列原因有关：失业率上升；福利国家制度陷入危机；工会谈判能力随之削弱；大学毕业生劳动力市场分化严重，在一些领域，高校毕业生起薪极高，别的领域的就业前景则十分惨淡；家庭结构发生改变，其中生活贫困的单亲家庭数目增多；国家税收政策改变，即降低了高收入人群的税率。80 年代以来的国家贫穷报告更加令人震惊。它们揭示了新的贫困群体的出现，贫困者不再只有产业工人，还有从事各种职业的长期失业者、单亲家庭、吸毒成瘾者、移民和避难申请者。

新的多样性。这一时期的第三个根本性社会变革是欧洲社会日益多样化。这种新的社会多样性不是在国家之间产生的（各国社会反而彼此变得更加相似），而是在社会内部。这与在繁荣时期一直试图打造单一社会、单一福利国家、单一城市和单一卫生服务的计划相对立。多样性也没有体现在当时的社会学研究分析中，当时对此的关注还太少。新的多样性出现并不是一个隐秘的过程，而是许多欧洲人所渴望、支持和积极促成的。

这一发展也常被称作"个性化发展"，一般涉及脱离单一社会模式的三个过程：第一，个人从与社会、宗教或政治团体的密切联系中脱离出来，这些团体包括资产阶级、工人阶级、农民、小资产阶级团体，也包括天主教和新教团体；第二，对国家、工会、教会、企业和专业协会等大规模社会组织的忠诚度降低，与这种忠诚紧密相连的价值观念受到压制，如服从、忠诚和遵守纪律；第三，单一的具有约束力的家庭模式日渐解体。

人们常常错误地认为，以上这些联系松动后，个体间便完全互不关联了，然而实际上，它们是被关系更紧密的、空间上往往局限于当地的人际网络、行动团体、协会、社会运动以及宗教圈子取代了。这些新的联系往往只存在于一段有限的时间里，人们很少像以前那样终生都在某种团体联系中。然而，公众对社会参与的高度尊重和参与的积极性并未发生改变。

特别是年轻的成年人在这一个性化发展的过程中，所面临的家庭、职业和社会选择与在繁荣时期是不同的。在20世纪80年代的社会科学中，人们提出"后物质主义"（Postmaterialismus）这一有争议的术语，用以描述相关的变化。由此表明，个人的自我实现、个人的人权、个体间关系的质量、对文化的尊重和国际开放都变得尤为重要。

个性化的过程是与社会不同领域的重要变化结合在一起的：家庭、工作、消费、迁移和城市。我们不仅仅可以在地区维度上，即在东欧和西欧之间，在北欧和地中海区域之间看到社会异质性对欧洲家庭的影响（参见第二章第2节）。对当时的欧洲人来说，个人在家庭生活和社会家庭模式中有了更多的选择，这是他们面临的新情况。欧洲人能够更自主地决定是否跟随让家庭向外界开放的普遍趋势，即让家庭中的各成员，包括儿童、青少年、丈夫和妻子，在幼儿园、中小学、大学、外部工作地点等家庭之外的场所花更多的时间。他们可以自己决定是否要跟随以孩子为家庭中心的趋势，并相应调整自己对父母角色的理解。

他们也拥有比以前更大的自由，可以在完全不同的婚姻和家庭模式间做选择：传统的男人挣钱养家、女人当家庭主妇的核心家庭模式，双职工家庭模式，单亲家庭模式（主要是单亲妈妈家庭），重组家庭模式，有来自不同婚姻的子女的"拼凑"家庭模式，终生不养育后代的生活模式，以及建立在平等的经济合作上的婚姻新模式——在最后这种模式中，夫妻双方从事同一职业，共同经营自己开设的工作场所，例如一起在诊所或建筑事务所里工作。

工作上的选择也有所增加。这一定程度上与流水线上大批量生产同类产品的经典工业生产形式的衰落有关。随着产品种类增加，人员的层级结构也发生改变。岗位要求变得更加多样化，灵活性、绩效导向、创新意愿和独创性成为重要的工作价值。人们的职业经历也变得更加丰富。日渐严重的失业现象迫使流动性提高，职业调整更加频繁。

此外，越来越多已婚已育妇女就业，促使传统的男性主导的职场拥有更高的灵活性。种种原因催生了新的工作生活类型，而失业、继续教育或家庭原因造成职业中断的情况也增加了。这些现象并没有取代传统的工作生活，即终生从事一个职业或从属一家公司，而是与其一起发展。至于这种新的工作生活方式到底变得有多普遍，直到今天仍存在争议。

在消费方面，选择也变得更加多样化。一个决定性的因素是实际收入增长微薄，甚至完全停滞。生活水平的大幅跃升对大多数人来说已经结束了。大多数欧洲人仍拥有从前象征消费进步的商品，即冰箱、电视机、壁柜和汽车。因此，像繁荣时期那样通过额外消费新的昂贵产品，或通过购置第二套住宅、第三或第四辆车这种对同一主要产品进行重复消费的行为来实

现与他人的社会区别，不再可行；要实现这一点，只能选择其 195
他价值相当的消费品和消费风格。

消费多样性的另一个决定性因素是，西欧在生产中使用电
子部件使产品更加多样化了。就汽车等复杂产品来说，相较于
20 世纪 50 年代和 60 年代，其多样性变得如此之大，可以说
业内是几乎不会生产相似的产品的。当然，出现新的消费多样
性的原因也在于，社会环境的束缚以及由此产生的从众压力减
小，不同圈子的消费者元素被结合起来，如葡萄酒可搭配猪油面
包，领带可以配鸭舌帽，打网球的同时也可以对足球保有热情。
而且欧洲人更频繁地去欧洲之外旅行，也增加了消费的多样性。
他们由此了解了其他的消费方式和生活方式，将它们介绍到欧
洲，时而吃亚洲料理，时而吃地中海料理，时而吃北美料理。

通过移民，欧洲社会也变得更加多样化。从 70 年代逐渐
可以看出，大规模拥入西欧工业城市的不仅有欧洲外围国家的
人，也有来自地中海南部和东部地区的移民；不是短暂的工作
停留，而是通过就业实现家庭的长期定居。尽管大多数西欧国
家 70 年代早期因新的经济形势停止对外招募劳工，但移民仍
在继续拥入。

这种情况主要是移民者家庭成员的跟随迁居。被边缘化、
年轻、未婚、没有技能的外国工人逐渐被从事各种职业的新移
民少数群体取代，包括零售商或批发商、银行家、餐馆老板、
医生、律师、神职人员、艺术家、记者、科学家等。逐渐地， 196
他们在欧洲社会不仅以不一样的宗教信仰（通常是伊斯兰教），
而且以特有的生活方式和价值观来展现自我。

城市的发展也提供了新的多样的住房选择机会，在 20 世
纪 70 年代和 80 年代逐渐显现三种选项。首先，50 年代和 60
年代占主导地位的居住选项仍然很重要，即从市中心搬到城市
扩展地带，搬进周边小城镇为数众多的独栋住宅（这种居住模

式在南欧也十分流行），或者搬进公寓楼和高层建筑。其次，返回城市的新选项也出现了，居住在市中心不仅受到年轻单身人士和度过了儿童保育阶段的相对年长的夫妇的青睐，而且是年轻家庭所偏爱的。尤其对北欧来说，这是一个新的选择；在欧洲南部，这一选择也从未被舍弃。最后，在农村居住虽不是一个全新的选择，却越来越受欢迎。越来越多人在自己国家的农村地区或者在欧洲南部购买第二套住房，也有通勤距离较长的公司员工借助通信和交通之便在农村购房定居。新的村庄出现了，这些村庄几乎没有农民居住，而是由原本的城市职业群体居住。

　　城市翻新建设慢慢适应了人们对住房选择多样性的新需求。除了拆除和重建整个街区或城区，更谨慎的城市改造也在缓慢进行。一系列新的公共和私人结合的城市项目对旧建筑和老城区进行现代化改造，清理后院并重新赋予其生机，将废弃的厂房和港口改造为公寓和商业区，将偏僻荒凉的干道改为步行街。城市政治家发现文化能为城市提供重要竞争力，拓宽了个人在不同城市之间进行选择的可能性。

　　日益增长的社会多样性与国家社会政策之间产生新的、严重又复杂的冲突。国家社会政策在一定程度上坚持了对社会和文化同质性的要求，同时也在一定程度上允许多样性的存在，并去适应它，有时甚至鼓励它发展。这种冲突也出现在欧共体委员会的政策中。一方面，它奉行一项特别严格且备受争议的欧洲统一政策，特别是在经济方面，甚至对香蕉的曲度设定了让人啼笑皆非的标准。然而，另一方面，它也发展了内部多样性和高效的市场竞争，以及发展出一种理念，即通过竞争，而不是通过标准化的关税来筛选出最佳规则和最佳产品。

　　这种日益多样化的选择并不限于狭义的社会方面，文化和政治也变得更加多样化了。电台节目和电视节目变得丰富，社

会运动层出不穷，选民意愿的不确定性提高了，政党数目也有
所增加。

　　交织和融合。第四个根本性变革是，20 世纪 70 年代和 80
年代欧洲各国社会之间的交织、融合也与繁荣时期不同。特
别是在西欧，一种新的矛盾出现了，即社会融合的动力有所减
退，而通信与媒体的国际化发展迎来爆发。

　　欧洲社会之间的空间流动性在 70 年代和 80 年代没有保持
50 年代和 60 年代那样的速度继续发展。随着 70 年代早期大
多数西欧国家的劳工移民潮结束，这些工业化国家的移民速度
放慢了。尽管家庭成员跟随移民的现象仍然存在，但大多数西
欧国家的外国人口比例不再像以前那样迅速提高。在西欧，外
国人的比例在 1970 年至 1990 年仅从 3.2% 提高到 4.5%，而
其此前在繁荣时期几乎提高了两倍。在 70 年代的瑞士和 80 年
代的法国，外国人的比例甚至有所下降。

　　由欧洲内部移民带来的交融也不再增强。唯有欧洲北部
开始出现一种新型的国际移民，主要涉及高素质人群：他们参
与国际劳动力市场的程度更高，有很多人迁出，也有很多人返
乡。在法国、德国、英国、荷兰、挪威、瑞士和瑞典，迁入和
迁出的人口都增加了。欧洲青年的出国留学人数也从 12.3 万
人（1975 年）大幅增到 22.8 万人（1989 年），但其增长速度
仍不如繁荣时期。

　　在此期间，国际旅游业的发展速度也没有繁荣时期那么
快。在欧洲主要旅游国之一的法国，外国游客人数从 1970 年
的 2100 万增加到 1987 年的 3700 万，而这个数字在此前的
1950 年至 1970 年翻了两番。在商务访问比旅游更热门的联邦
德国，外国入境者人数仅从 1970 年的 750 万左右增加到 1989
年的近 1500 万。而此前在繁荣时期，其外国游客人数从 100

万暴涨到 800 万。70 年代以来，只有迁移到南欧的养老金领取者和退休人员经历了显著的人数增长。基于这些原因，与外国人的婚姻——至少从已知的一些欧洲国家的情况来看——并没有像繁荣时期那样迅速增加。总体而言，欧洲国家之间通过移民、旅行和家庭关系而产生的相互融合在 70 年代和 80 年代固然没有减少，但其发展远不如繁荣时期，直到 20 世纪 90 年代才获得了新的动力。

一个例外是科学界。70 年代以来，科学界在国际化方面迅速发展。越来越多研究人员在国外停留，简历中的国外研究经历开始拥有更高的权重。为来自其他国家的讲师提供客座教授职位的情况变得更加普遍。大学开设了国际博士课程，扩大或新建了外国研究所。以新的国际科学语言——英语——撰写的出版物不仅在自然科学领域有所增加，也在一些人文科学领域有所增加。到国外上大学的学生人数也在迅速增多。

跨国社会交融动力下降的部分原因在于各国政府实施移民遏制政策、70 年代初发布外籍劳工招聘禁令以及 80 年代末难民潮减退。至少同样起重要作用的还有欧洲经济增长放缓，对劳动力的需求，包括对国外移民的需求也因而下降了。此外，该时期实际收入的增长不再像繁荣时期那么快，故在国外旅行和留学的情况以及由此产生的社会联系也不再像以前一样快速发展。与此同时，跨国劳动力市场在当时尚未普遍建立，直到 90 年代，劳动力市场才迎来高移民率。欧洲虽然并没有进入国家社会封闭和国际关系分散的新阶段，但跨国交融发展的确放缓了。

跨国通信领域则完全不同，其在 20 世纪 80 年代经历了可观的发展。决定性的技术创新使国际交流更具活力。70 年代以来，西欧大量电话用户可以使用电话的自动拨号业务，这从根本上简化了国际通话流程。国际通话的复杂登记程序和等待回拨的漫长过程不复存在。国际融合的紧密程度也得到加强，因为正是从这一时期开始，电话才成为几乎每个西欧家庭的基本设备。

80年代以来被广泛应用的传真技术使向其他国家发送文本的时间从几天（信件）缩减为几秒。尽管电报的速度几乎和传真一样快，但它无法以合理的成本逐字逐句发送长文本，更遑论如实地传输图片。在整个西欧，随着电话自动拨号服务和传真的应用，电报数量急剧下降。国际邮件的速度也因航空运输而大为提升，但在一些国家，地面分发系统落后限制了邮件的派送速度。

20世纪70年代和80年代，媒体的国际化发展引发了欧洲国家间更密集的交流，从而构建了新的联系。此外，国内媒体的报道也趋于国际化和欧洲化。随着时间的推移，读者从他们的报纸上了解到更多关于欧洲共同主题的信息。欧洲报纸不仅在相近的时间对这些主题进行了报道，而且给予了相似的权重。记者的国际经验也拓展了，引用其他欧洲国家报道的现象变得更加普遍。

201

此外，通过交流加强欧洲相互融合的一个决定性条件也得以加强：外语知识。在许多欧洲国家，人们的外语技能得到提升，尤其是英语水平。当然各国之间存在很大差异。80年代以来，广告和服务业开始越来越多地使用英语，这表明英语正在成为大众语言。

文化方面

从欧洲文化史角度看，这一时期并没有出现经济史上的石油危机或社会史上的"五月风暴"那样引人注目的事件。但20世纪70年代以来，文化领域也有一系列新发展。人们既可以将这些新发展简单概括为"欧洲怀疑主义回归""媒体私有化"，同时又可以说是"文化欧洲化"获得了新动力。

若说有哪件事物能够表明文化取向和文化价值观的重新定位，那就是由丹尼斯·L. 梅多斯（Dennis L. Meadows）于1972年编写的《罗马俱乐部报告》。该报告乍一看似乎与文化没什么关系。报告预测，到2100年时，既有的全球经济增长方式会由于环境污染和能源枯竭不可避免地结束。但这份报告很快成了一种象征，象征着人们对工业时代传统的经济增长持怀疑态度，抛弃了繁荣时期对未来的无限乐观态度，不再怀有人类生活环境会持久改善并在欧洲启蒙传统中实现普遍进步的信念，不再信任国家干预和规划以及在现代化概念下的科学，包括自然科学和社会科学。当然并非所有欧洲人此前都持有这些乐观的想法，但它们在西欧和东欧一直是多数人的意见。同样地，对传统进步乐观主义的背离也并没有得到所有欧洲人的支持，但仍然产生了很强的影响力。

后现代主义和流行艺术。后现代主义产生于文化的重新定位和新的怀疑主义，它对艺术、建筑甚至科学都产生了广泛的影响。"后现代主义"这个词语并不新鲜，它在20世纪70年代末作为一种自我定义在法国哲学家让－弗朗索瓦·利奥塔（Jean-François Lyotard）于1979年出版的作品中被提到，之后迅速得到传播。这种思维方式在法国哲学家中尤为多见，代表人物有米歇尔·福柯（Michel Foucault）、雅克·德里达（Jacques Derrida）和让·鲍德里亚（Jean Baudrillard）等，还有理查德·罗蒂（Richard Rorty）和海登·怀特（Hayden White）等美国人。

"后现代主义"一词意蕴复杂不明，不容易总结。但可以确定的是，它表达了当时一种普遍的危机感。这种思维方式的核心是偶然和混乱，而不再是以线性的发展走向未来。"现代化"和"普遍主义"变成了负面概念。后现代主义批判启蒙运动的错误判断和阴暗面，甚至极端地认为正是其延续性最终导致了种族大屠杀。它从根本上怀疑客观现实的存在，知识最终被视为语言结构以及对这种语言结构的重新阐释。媒体和他们制造的真实成为新的热门话题。语言被视为监狱，个体很难借由对现实的全新阐释越狱逃跑。解构主义是批评和削弱政治权力以及政治秩序的最重要的科学方法，个体的自由是其核心的价值。

在建筑、艺术和科学领域，后现代主义也要求个体自由，完全不依赖于某个特定的概念。"怎样都行"是这个思潮的一个重要主题。在建筑领域，后现代主义用形式游戏，且往往通过援引旧的建筑形式，取代方方正正的钢结构建筑和玻璃建筑，取代深受包豪斯学派影响而成为范例的统一、现代的建筑风格。在科学上，后现代主义拒绝与严谨的社会科学理论捆绑，而是面向叙事、空间、微观世界、身体和人类经历，总的来说，是面向有血有肉的人。非理论的怀疑取代了用理论概念进行的阐释。后现代主义通常也意味着对自然科学方法和社会科学方法的背离，以及对哲学、人文科学和艺术科学的推崇。

另一个新发展也是与此密切相关的：流行艺术。流行艺术总结起来也不容易。20世纪70年代以来，流行艺术改变了艺术在社会中的地位。随着流行艺术和流行音乐的出现，脱离社会的、要求高水平教育的高端艺术和受到社会严厉批判的大众消费之间的旧分歧已被抛弃。流行艺术不仅接受了大众消费和大众媒体，还使用了现代媒体、广告、漫画和电影中的图像、表现形式和技术等。流行艺术代表着艺术的刻意庸俗化，它不再面向受过良好教育的公民，而是吸引现代的大众消费者。传统艺术的审美标准被刻意打破，但是，如果人们仅仅将流行艺术归类于广告或即兴表演的话，那将是一种误解。恰恰相反，艺术家们一如既往地重视其作为教育工作者的角色。

203

204

媒体。后现代艺术和流行艺术的发展趋势与媒体的变化密切相关，媒体自 20 世纪 80 年代以来一直朝着新的方向发展。私有化和国际化是重要的新趋势。但这只适用于西欧（第三章第 2 节将谈到与东欧的差异）。

在解除管制政策和国家预算紧缩的背景下，私营电视台在 80 年代开始大获全胜。在此之前，私营电视台只在少数几个欧洲国家中像在美国那样站稳了脚跟，比如英国、荷兰和卢森堡。私营电视台在 80 年代被迅速引入大多数的欧洲国家。法国、联邦德国和斯堪的纳维亚国家出现了一些大型私营电视台，而意大利和荷兰则涌现了大量的小型电视台。随着私营电视台的出现，广告也出现在电视上，或者更确切地说，电视广告大规模扩张，以收视率为导向，削减新闻节目、文化节目以及纪录片，让娱乐占据主导地位，以美国为榜样制作智力竞赛节目和脱口秀。从那以后，美国电视剧风靡欧洲市场，因为它们的制作成本比欧洲的低，并且迎合了国际观众品味。私营电视台很快获得了观众的青睐，在不同的欧洲国家，分别有一半到四分之三的观众收看私营电视台，电视市场由此得到强劲扩张。

私营电视台以及其他媒体受电视发展刺激产生的最重要影响是，各种媒体产品、娱乐节目以及新闻、舆论观点和纪录片涌现，数量巨大，种类繁多。权威性的国有电视台、广播电台或权威报纸文章中，能被大多数观众或读者熟知且津津乐道者则越来越少了。

205

但 70 年代和 80 年代也证实了一点，那就是电视台的兴起并没有排挤掉其他媒体。只有电影院经历了持续萎缩，而这也仅仅出现在欧洲的部分地区。其他媒体，如广播、纸质报刊、书籍和戏剧则继续发展，但在电视媒体的霸权下，它们也发生了重大变化，并找到了电视无法渗透到的生存空间。

此外，80年代以来，媒体变得更加国际化，主要是变得更加欧洲化。这个过程是由私人和公众、国家和国际参与者共同推动的：随着电视台和广播电台的私有化，大型国际媒体集团出现了。这些集团在欧洲各国拥有电视台和广播电台，也拥有报纸和图书出版社，比如卢森堡 RTL 集团、法国 CGE 集团和德国贝塔斯曼（Bertelsmann）集团。英国《金融时报》（*Financial Times*）和同一出版社的《经济学人》（*Economist*）、法国《世界报》（*Le Monde*）和瑞士《新苏黎世报》（*Neue Zürcher Zeitung*）等国家主办的报纸和杂志试图在自己国家以外的市场上立足。《金融时报》尤其成功，非英国读者很快地成为其主要读者。

欧洲共同体在80年代也启动了新的欧洲媒体项目，尽管成效甚微。除了已于1950年成立的边缘化的欧洲电视网，欧共体还计划与 SEPT 一起建立欧洲电台联盟，以创建"欧洲电视台"，不过该项目在90年代只创建了法德两国间的文化电视台，即 Arte 电视台。技术发展也促进了媒体的国际化：随着新接收技术、卫星天线和80年代有线电视的普及，收看国外节目变得更容易了。

欧洲文化节及欧洲文化政策。在20世纪80年代，音乐、戏剧、电影和博物馆领域的欧洲文化节进行了第二次扩张，这与媒体的国际化密切相关。除开发工业区和发展体育运动外，许多城市和地区在80年代还将文化视为国家和欧洲在区域经济发展和旅游业竞争中的重要机遇。各城市和地区因此更加频繁地策划文化节。一个尤为壮观且雄心勃勃的项目是始于1983年的"欧洲奥德翁剧院"（Théâtre Odéon européen）。在乔尔焦·斯特雷勒（Giorgio Strehler）的领导下，它邀请来自欧洲各地的戏剧团体来到巴黎，并于1990年成立了"欧洲剧院联盟"（Uniondes théâtres en Europe）。

在 20 世纪 80 年代，欧洲共同体也主动制定统一的欧洲文化政策。尽管欧洲共同体自 60 年代末已经就欧洲文化发表过宣言，并在 80 年代以 1980 年"欧洲文化区"宣言和 1989 年《欧洲文化宪章》加以延续，但欧洲共同体是在 1986 年的《单一欧洲法案》后才真正获得文化政策的决策能力的。欧洲共同体中最著名和最成功的两个文化项目是在此期间启动的：自 1985 年起每年举办一次的竞逐"欧洲文化之都"称号的文化评选活动，以及于 1987 年创建的欧洲高校学生交换项目——苏格拉底计划（Sokrates-Programm）。90 年代以来，这两个项目都发展得极好，并且取得了巨大成功。

欧洲讨论。 在此背景下，欧洲知识分子和科学家们自 80 年代起就开始深入讨论欧洲问题。皮埃尔·布迪厄（Pierre Bourdieu）、雅克·德里达、布罗尼斯瓦夫·盖雷梅克（Bronislaw Geremek）、安东尼·吉登斯（Anthony Giddens）、于尔根·哈贝马斯（Jürgen Habermas）、哲尔吉·康拉德（György Konrad）、理查德·勒文塔尔、埃德加·莫兰（Edgar Morin）和阿尔蒂罗·斯皮内利（Altiero Spinelli）等著名知识分子都参与了这场讨论。欧洲专家网络已经在政治科学领域［1970 年的欧洲政治科学联盟（European Consortium of Political Science）］和历史学领域［1982 年的联络小组（Groupe de liaison）、1989 年的"欧洲认同"（Identités européennes）］被建立起来。与战后初期不同，关于欧洲的讨论围绕其他问题展开，而不再讨论处于根本性危机中的欧洲以及完全缺位的欧洲机构。

在东欧，人们讨论的重点是如何从苏联模式转变为共同的欧洲模式，并要求将中东欧包含在内。西欧讨论的话题则主要是经历了 50 年代和 60 年代的异常繁荣以及 70 年代早期的一体化失败之后，僵化、缺乏创新的欧洲已落后于美国和日本。此外，在讨论中，人们往往对欧洲机构、欧洲共同体和欧洲委员会政策进行批评，但也经常超越冷战中各自从属的阵营，一同探讨文化、欧洲价值观、欧洲多样性或者欧洲统一。欧洲文化，相较于欧洲经济或政治，往往更容易被视为共同的纽带。

针对欧洲的讨论再次活跃起来，背后存在着多个原因。一方面，一些国家提出了缓和政策；另一方面，欧洲彼时却也面临本土发生核战争的危险，因而冷战中两大集团之间的对抗对于欧洲人来说已失去了大部分凝聚力，尤其是在80年代。此外，欧洲共同体的政治化也在加深。去殖民化还为欧洲的转向创造了空间，即从聚焦于殖民帝国逐渐转回关注欧洲大陆本身。全球化被很多欧洲人错误地认为是经济和文化的外部入侵，因而更有必要进一步讨论欧洲在全球范围内不断变化的角色。

208

政治方面

所有在经济、社会和文化上预示着一个新时代来临的事件，比如石油价格危机、"五月风暴"和有关增长极限的报告，也都给政治方面带来头等新挑战。它们在政治方面也催生了新的发展——但并不总是这个时代特有的新发展。

民主化。20世纪70年代和80年代，民主化并没有得到根本性的推进。对大多数国家而言，70年代和80年代并不是战后初期那样推翻独裁统治和占领政权、实施民主宪法的剧变时代。尽管如此，这一时期仍被称作欧洲的"第二次民主化"时期。这有两个原因：南欧实行民主制以及民主制在西欧发生了变化。

南欧的葡萄牙、西班牙和希腊分别废除了萨拉查、佛朗哥和希腊将领的独裁统治，引入了议会民主制度。其原因是多方面的。独裁统治的外交政策失败给葡萄牙和希腊带来了重大影响：葡萄牙在非洲殖民战争中失败，希腊吞并塞浦路斯失败。在西班牙，独裁统治的终结与独裁者的死亡及国王个人有很大关系，同时也与西班牙通过工业化和旅游业实现经济现代化有关。西班牙人民由此产生了与佛朗哥独裁统治不相容的期望。

　　无论西班牙还是希腊，内战结束遥遥无期，民众日益寄希望于民主政治的平衡。此外，20 世纪 50 年代以来，这三个国家都通过大规模移民使自身与欧洲富裕工业国紧密相连，加速了独裁统治的衰落。有欧洲自由主义富裕社会生活经历的移民们返乡探亲和回迁，都有助于降低人们对南欧独裁统治的接受度。

　　在从独裁到民主的困难过渡时期，左派和右派反民主势力试图发动政变，夺取政权。在这三个案例中，西欧民主国家的民间社会支持和国家支持最终都发挥了重要作用。南欧独裁统治的结束不仅仅是一个地区性的事件，它至少表明了西欧民主国家在自身所处的欧洲大陆上的执行能力。

　　此外，现存的西欧民主国家也发生了变化。与繁荣时期不同，工会不再在社会运动中明显地占据主导地位。确切地说，70 年代和 80 年代是新社会运动的鼎盛时期。这些社会运动唤醒了政治公众，向政府施加压力甚至改变了政党体系，然后在 90 年代再次变弱了。它们在目的、抗议方式和支持群体上，在不同年龄、不同性别之间以及东西方之间都有区别。

　　60 年代后期的学生运动之后，除了众多公民倡议行动组织和国际网络，还出现了五个新的社会运动。政治区域运动在 60 年代就已经出现，虽仍然是分散的，但在国际上是相互交织的。政治区域运动只能在西欧公开地要求区域自治，在东欧则是通过强调区域身份认同来表示立场，因为政府不允许出现独立的社会运动。

从长远的角度来看，成功的新妇女解放运动不仅推动了关于男女平等的政治决策，还推动了性别角色在价值观、思想和生活方式方面的改变。除了政治抗议，新妇女解放运动主要建立在团体会面、电影和文学、新闻、女性书店和女性咖啡馆、自助所产生的个人经验上，科学的女性研究也为此提供了支撑。70年代以来，同样获得长期成功的新环境运动，一方面运用备忘录、宣言、议会呈文、专家报告和科学分析等传统政治工具，另一方面利用引起媒体广泛关注的事件，通过小团体或有实力的国际组织，如绿色和平组织（Greenpeace）或"罗宾·伍德"（Robin Wood）来组织活动。

自80年代起影响范围较受限的和平运动具有强烈的国际性，主要依靠大型的示威游行和集会，以及备忘录、报道和自己的象征符号来发挥影响力。最后是东欧在70年代出现并在80年代扩大的持不同政见者运动，其目标也在于争取实现公民权利和人权、维护和平和保护环境。

211

与此同时，在繁荣时期大多保持完整的传统政治圈子在这一时期也发生了变化。这些圈子通常期望其成员终生忠诚，以各种地方协会、节日、人际网络和社交礼俗将他们联结在一起。这些政治圈子拥有自己的报纸，经常在紧急情况下对个人提供帮助和保障，并由此期望得到圈子内社会和政治领袖的支持，尤其是在选举中。然而人们不应该将它们理想化，它们有自己的内部冲突解决方式，还大大减少了个体的社会和政治选择。另外，这些圈子还给民主国家政治进程的基本要素、政治妥协以及稳定的议会联合政府的形成造成了困难。

但由于这些政治圈子的存在，政治选举的可预测性通常很高。这些圈子是在19世纪伴随大规模的政治动员而逐渐产生的，并在很大程度上在两次世界大战的政治动荡中得以保存。

212

图 3　海因里希·伯尔 1983 年在穆特兰根（Mutlangen）反对中程导弹的
示威游行中

随着教育条件改善、国家福利保障普及、接触新媒体机会增多
以及成员流动性增强，这些政治圈子在 20 世纪 70 年代和 80
年代明显失去了凝聚力。现在年轻人离开父母的政治圈子相对
容易了。学生运动在很大程度上是建立在年轻人与家族一直所
属的政治圈子决裂的基础上的。

　　在选举中，政治圈子凝聚力的削弱也体现得尤为明显，当
时的观察员对此进行了准确记录。无论男性还是女性，中间
选民的占比显著提高，他们不再因属于某个圈子而支持某个特
定的党派，而是每次选举都会重新确定他们的投票意向，甚至
是直到大选前不久才决定。竞选活动因此发生了变化。竞选者
不再进行确认性竞选，即确认其政治圈子选民的选票，而更多
时候是通过有针对性的竞选承诺和候选人的个人吸引力来赢得
选票。

　　政治圈子的松散也导致了政党制度和政治公众的多样性，

但各个国家的情况也有相似之处。英国所受的影响最小，其政党制度变化也不大。大多数大陆民主国家受到的影响较为强烈，新的政党出现，如绿党和新的左翼党派，也有极右翼政党。各地党派都变得更加多样化，政府组阁也因此变得更加复杂。

另一个变化是，专家和学者此前在繁荣时期获得的政治声望下降了：虽然科学预测和政治决策的跟踪分析依然很重要，但是政策很少遵循这些建议。专家没有预测到的事件（如石油危机）、对经济周期可控性的误判、后果严重的研究错误和发展偏差［如 50 年代使用药物"反应停"（Contergan）导致了许多新生儿畸形］，以及一些科学家与利益政策的密切联系损害了他们的政治声望。

暴力。这个时代的另一个重要政治变化发生在欧洲人对待暴力的态度上。变化过程是矛盾的。一方面，20 世纪 70 年代初，最后的欧洲殖民战争以葡萄牙殖民地莫桑比克（Mosambik）、安哥拉（Angola）和几内亚比绍（Guinea-Bissau）的独立而结束，欧洲对外关系中使用武力的状况也随之结束了，如果不考虑 1982 年英国与阿根廷的马岛战争这一例外情况的话。欧洲人越来越不接受将战争作为追求外交政策利益的合法形式，这一点与《联合国宪章》的主张一致。人权与防止国家和私人暴力是 70 年代以来西欧外交政策的重要组成部分，也是欧洲共同体外交政策的重要组成部分。第二次世界大战的恐怖以及对超级大国爆发核战争会导致欧洲大部分地区彻底毁灭的恐惧发挥了影响力。此外，死刑作为国家对其公民使用暴力的极端形式，到 80 年代时已被越来越多的国家废除。欧洲委员会于 1983 年在《欧洲人权公约》的一份议定书中决定，和平时代废除死刑。成员国签署了议定书，至少不再

213

214 执行处决。在东欧，斯大林主义的过度暴力和无数人遭到谋杀、数百万人被非法拖入苏联劳改营的事件已成历史；不仅如此，后斯大林时期针对本国公民的暴力行为，即与 1953 年民主德国、1956 年匈牙利和 1968 年捷克斯洛伐克危机期间类似的对示威游行的暴力镇压在 70 年代和 80 年代也没有重新上演，尽管主张在华约成员国偏离苏联战线时实施军事干预的勃列日涅夫教条仍然存在，情报部门继续对东欧民众实施严格监控和大规模骚扰，并继续对个人使用暴力，甚至波兰实行军事管制法，导致成千上万人被捕。

　　另一方面，在 70 年代的西欧，内部冲突中的暴力行为在四个国家有所增加：在德意志联邦共和国，左翼恐怖组织"红军派"（RAF）导致 60 多人死亡；意大利的左翼恐怖组织"红色旅"（brigadi rossi）导致 400 多人死亡；在英国的北爱尔兰冲突中，已有 3000 多人丧生；西班牙巴斯克民族分裂组织"埃塔"（ETA）造成 800 多人死亡。因此，有一些历史学家将 20 世纪 70 年代称为二战以来欧洲最糟糕的十年。

　　政治危机和弱国家。无论在西欧还是东欧，"国家"都在这一时期陷入了信任危机。对政治精英的批评增加了。调查显示，许多西欧国家不仅对狭义上的政府的信任度下降了，而且对其他政治机构，如议会、法院、警察局和军队以及媒体和工会等的信任度也下降了。在东欧，持不同政见者运动自 70 年
215 代起愈演愈烈。捷克斯洛伐克公布了《七七宪章》；波兰成立了"工人防卫委员会"（KOR），后来又成立了反对派组织团结工会，成员达数百万；因 1976 年沃尔夫·比尔曼（Wolf Biermann）被驱逐出德意志民主共和国，当地一些知识分子进行抗议活动，直至 80 年代末。

　　当政治精英受到越来越多的批评，当公民参与和政党多样

性不断增强，当新的恐怖主义暴力事件发生，人们担心在经济和政治的双重压力下，国家会遭遇失败，民主国家会重新爆发危机。政治公众中的一些人发出质疑：第二次世界大战后出现并在50年代和60年代繁荣时期稳定下来的所谓"欧洲晴天民主"（Schönwetter-demokratie）① 是否能够克服这一经济和政治困难时期？

　　国家在众多方面减少其对公共领域的干预，进一步加深了民众对政府失灵的担忧。警察巡逻队的步行巡逻在许多地方被取消了。邮递员作为街道上的国家象征符号（只要邮局仍是公共部门的一部分），现在每天只来一次，而不是两三次。人们每月的养老金已很少由邮局公职人员支付，取而代之的是由银行汇款。经常有电报所、市郊或小城镇车站、邮政所等象征国家存在的地方通过合理化改革被取消。许多公立学校和乡政府被关闭，取而代之的是地处中心区域的学校和集中管理部门。为彰显国家权力而建造的令人印象深刻的19世纪建筑也被一种完全不显眼的纯功能性建筑取代，这种建筑在外观上与私人住宅没有什么不同。一些历史学家将欧洲国家退出公共空间的这种趋势称为"去领土化"（Entterritorialisierung）。西欧国家虽然越来越多地参与国民生产总值的分配，但其在公共领域的存在却越来越不显眼。

　　全球化进一步加剧了民众对国家衰弱的担忧。民族国家的谈判能力似乎大幅降低，特别是面对国际公司时。这些公司的年销售额常远远高于欧洲较小国家的国家预算，并且能够在税收优惠和安置条件的谈判中与国家政府充分拉锯。在能源、环境、疾病问题上升到国际层面的背景下，民族国家的决策能

216

---

① 指只有在没有危机的时期，在有利的社会、经济和政治条件下才能良好运作的民主形式。——编者注

力也受到了怀疑。面对核事故造成的损害（如 1986 年切尔诺
贝利核电站核心熔毁）、全球石油价格升高和全球传染病（如
1977 年至 1978 年的俄罗斯流感和 80 年代以来的艾滋病蔓延），
单个国家能做的少之又少。同时，面对愈演愈烈的国际人口贩
卖以及国际毒品和洗钱交易，传统的欧洲民族国家也显得力不
从心。

冷战。 20 世纪 70 年代和 80 年代总体上是冷战的缓和时期，
但是在 1979 年以后，两个超级大国之间重新开始了持续五年
多的高度紧张关系。在此之前，有两项协约对军备竞赛产生实
质性的限制，开启冷战的缓和阶段：1972 年签订的《限制反
弹道导弹系统条约》（ABM-Vertrag）以及十分关键的限制洲
际导弹的《关于限制进攻性战略武器的某些措施的临时协定》
（SALT-I-Vertrag）。第二年，双方就开始了对欧洲尤为重要
的关于限制机动导弹系统的谈判，但该谈判直到 1979 年才达
成协议，此外，关于欧洲裁军的谈判仍未取得成功。

1972 年还同时展开了关于欧洲安全与合作的多边谈判。
参与谈判的除了美国、苏联两个超级大国，还包括土耳其及北
约成员国加拿大。1975 年各国签署《赫尔辛基最后文件》（Die
Schlussakte von Helsinki）结束了谈判，该文件由三个部
分，即所谓"三个篮子"组成。第一个篮子的内容是建立信任
措施，特别是彼此不干涉国家内政和尊重领土完整，这对苏联
特别重要。第二个篮子包含经济和科学合作协定。第三个篮子
是关于欧洲人民更大的迁徙自由和更好地尊重人权的规定。这
个篮子在 20 世纪 70 年代末和 80 年代变得尤为重要，因为东
欧持不同政见者援引了该内容。这项国际性的欧洲缓和政策得
到了联邦德国缓和政策的决定性支持：联邦德国推行"东方政
策"，于 1970 年和 1973 年间分别与苏联、波兰、民主德国和

捷克斯洛伐克签订了和约。

这一缓和时期被两件事打断了：1979 年苏联入侵阿富汗遭到美国的强烈抵制，美国主要通过供应武器支持阿富汗境内的穆斯林圣战组织。一种新型的代理人战争由此出现，美国正是在巴基斯坦和沙特阿拉伯的支持下顺利开展行动的。当然这场冲突对欧洲的影响微乎其微。此外，苏联还在欧洲东部部署了新型中程核导弹 SS-20，欧洲人感觉受到巨大的威胁，因为这意味着有可能发生一场局限于欧洲范围内的核战争。至此为止阻碍热核战争爆发的决定性因素，即两个超级大国一旦开战，本土必将遭遇毁灭性破坏，如今似乎可以靠牺牲欧洲来抵消了。

在西欧政府，尤其是联邦德国总理赫尔穆特·施密特（Helmut Schmidt）和外交部长汉斯–迪特里希·根舍（Hans-Dietrich Genscher）政府的影响下，北约在 1979 年通过了所谓"北约双重决议"，美国和苏联之间由此展开了新一轮的军备竞赛。决议要求与苏联进行关于限制中程导弹的谈判，如果谈判仍未有结果的话，则宣布部署潘兴 II 美式中程核导弹及难以被雷达探测器探测到的中欧新型核导弹。此外，美国里根政府于 1983 年规划了"战略防御计划"（SDI），其目标是在太空中拦截苏联导弹，最终该计划并未实现。20 世纪 80 年代初，美国和苏联中止了裁军谈判。

这场新的军备竞赛引起了西欧及东欧人民对热核战争的极大担忧。因此，西欧的和平运动和东欧的和平组织广受欢迎。1981 年至 1983 年分别有数十万人参加了在荷兰、比利时和联邦德国举行的大型和平示威活动。东欧出现了许多和平组织，他们遵循与共产党政权的官方和平宣传不同的方针，对苏联领导人赫鲁晓夫（Chruschtschow）赠送给联合国的出自苏联雕塑家叶甫盖尼·武切季奇（Jewgeni Wutschetitsch）之手的

"铸剑为犁"雕塑进行了重新诠释。与 20 世纪 50 年代不同，80 年代早期的军备竞赛遭到了欧洲民众的抗议，部分原因是 70 年代的缓和政策创造了许多希望，民众不想希望破灭；部分原因是美国发动越南战争以及 1968 年华约军队占领布拉格，引起了欧洲人对军事行动的极大不信任。

　　随后重新制定的缓和政策在很大程度上与苏共新任总书记米哈伊尔·戈尔巴乔夫（Michael Gorbatschow）的政策密切相关。他在 1985 年继任后立即重新进行了军备控制对话，美国方面也早已在 1984 年和 1985 年间开始谋求对话。在美国总统罗纳德·里根（Ronald Reagan）和戈尔巴乔夫于 1986 年在冰岛雷克雅未克（Reykjavík）的会晤及随后的《中导条约》（INF-Abkommen）中，双方同意从欧洲撤出所有的中程导弹。军备支出导致苏联财政预算负荷过重是苏联采取裁军政策的决定性因素。他们的军费开支几乎与美国的一样高。然而，由于经济实力远比美国薄弱，苏联并不能长期维持这些成本。同时，戈尔巴乔夫希望通过裁军政策实现现代化，使社会主义更具说服力。

　　欧洲一体化。在繁荣时期末期，1969 年各国元首和政府首脑出席的海牙峰会一度昭示了充满希望的新开端，此后欧洲共同体却进入了十多年的长期停滞期，即使有改革的萌芽，也被忽视了，直到 20 世纪 80 年代后半期才出现影响远超所处时代的新改革。法德主导下的这次海牙峰会主要讨论了三项重大改革计划，成为 1973 年以后的历史时期的准绳：欧洲政治联盟、欧洲经济与货币联盟以及欧洲共同体在地理上向欧洲北部富裕国家进行扩展。

　　1974 年比利时首相莱奥·廷德曼斯（Leo Tindemans）针对欧洲政治联盟，即深化政治合作提交了一份雄心勃勃的报告，这份报告明显比 1970 年相对谨慎的《达维尼翁报告》走得更远（参见第二章第 1 节）。廷德曼斯建议通过直接选举议员赋予欧洲议会更大的影响力，在部长理事会实行多数表决制，扩大欧共体委员会的影响力，在货币、能源和外交安全方面赋予共同体更大的职权。他的提案只有两个在 20 世纪 70 年代后期得以实现：1975 年设立欧洲理事会，国家元首和政府首脑定期会晤，成为欧洲共同体新的集中决策中心；此外，1979 年通过成员国选民直接选举产生欧洲议会，议会的影响力由此提高。欧洲议会议员不再由各国议会委派，而是在全欧洲范围内直接选出。大约有三分之二符合条件的欧洲人参与了 1979 年的选举，其数量比此后的任何一次选举都多。

70 年代卢森堡首相皮埃尔·维尔纳的宏伟计划在全球货币动荡中失败，之后欧洲经济与货币联盟的计划基本上陷于瘫痪。1979 年除英国外的所有欧洲共同体成员国在法德主导下，最终还是共同组成了欧洲货币体系，将成员国之间的汇率波动限制在一个狭窄的范围内，从而建立了一个货币稳定的区域。尽管欧洲货币体系尚未建立共同的货币，但也确实使各国货币和经济政策缓慢地自愿趋同。然而，将德意志联邦银行放在首位的举措在这一过程中受到了异常激烈且日渐加剧的批判。

此外，欧洲共同体向北发展的工作难度远超 1969 年海牙峰会预期。谈判最终也只促成英国、爱尔兰和丹麦于 1973 年加入。挪威在 1971 年的全民公投中否决了加入协议。英国加入后，威尔逊（Wilson）和撒切尔政府也多次对英国加入欧共体的财政预算进行重新协商，欧洲未来计划也由此被一再搁置。自从 1973 年至 1975 年希腊、西班牙和葡萄牙的独裁统治先后崩溃，欧洲共同体以它们为目标的向南扩展只取得了缓慢进展。在 80 年代中期欧洲一体化实现新跃进之前，只有希腊在 1981 年成为共同体的成员。

　　欧洲一体化进程停滞不前，落后于海牙峰会的宏伟草案，有人将其称为"铅灰色的年代"（bleierne Jahre）或者"欧洲硬化症（Eurosklerose）时代"。荷兰外交大臣长马克斯·范·德尔·斯图尔（Max van der Stoel）将这个时代称为"停滞、倒退和逃亡"的时代。造成这种现象的原因是什么呢？面对20世纪70年代的石油价格冲击和布雷顿森林体系的结束，各国之间的经济政策鸿沟太深，难以达成实现经济与货币联盟所必需的妥协。在布雷顿森林体系结束后，欧洲对全球货币体系的共同责任意识并没有得到充分发展。此外，经济增长率的下降使很多政府的回旋余地变得狭窄。欧洲共同体没有相关权能，也并非这些全球冲突与缓和政策的参与者。

　　直到20世纪80年代中期，欧洲一体化才开始出现新的上升趋势。1986年卢森堡首脑会议通过了由法国、德国和意大利共同提案的《欧洲单一法案》，这是对1957年《罗马条约》的第一次重大修订，主要带来了四项重大变化：确定最终实现欧洲经济区的目标日期为1992年12月31日；重申经济与货币联盟的目标；在环保、研究、科技和社会政策这些经济相关领域赋予欧洲共同体更多的权力；扩大部长理事会采用多数表决制的范围并赋予欧洲议会更多的立法权，但其仍没有任命委员会的权力。

　　1985年被任命的欧共体委员会主席雅克·德洛尔（Jacques Delors）发起的统一市场和货币联盟计划变得尤为重要。统一市场计划通过消除众多国家的经济阻碍，实现商品、服务、人员及资本统一市场的目标。统一的内部市场符合这一时期的需求，它将解除国家壁垒、推行自由化和放松管制，而非加强国家干预，视作刺激经济增长的关键因素。

　　正如《欧洲单一法案》中所表明的，德洛尔还重新倡导建立货币联盟。在他的领导下，一个新的专家委员会于1989年制定了一个新的时间表，计划首先开始协调各国货币，然后建立一个欧洲中央银行，直至实行统一货币。1989 年 6 月，即柏林墙倒塌五个月前，马德里峰会通过了该计划。

　　欧洲共同体向南扩展的结束也标志着西欧一体化的飞跃。此项扩展非常困难，因为它不同于以一些富裕国家（爱尔兰除外）为目标的向北扩展，而是瞄准了南欧的一些较贫穷的国家，这更迫切地要求共同体的金融团结，来抵御共同经济区域内的竞争压力。与此同时，南扩对欧洲共同体来说也是特别成功的，因为受其压力，这三个国家在独裁政权失败之后，也实行了民主制度。欧共体的这一政策与北约和后来欧洲委员会仅接受民主国家作为成员国的政策不同，它被证明是可行的，是对实现民主化的高效激励。

　　由于这种欧洲一体化的新发展，欧洲公民对欧洲共同体的支持也在增加。欧共体委员会自 20 世纪 70 年代开始进行的"欧洲晴雨表"（Eurobarometer）民意调查报告显示，认为欧洲共同体是一件好事的公民比例在 1980 年时大约是 50%，到 1990 年时上升到了 70% 左右。认为这是一件坏事的受访者在 1980 年时不足 20%，到了 1990 年仅有不足 5%。1989 年的欧洲选举投票参与率为 63%，与现在相比，这个比例很高。欧洲层面的协会和关系网络的数量在 20 世纪 70 年代和 80 年代显著增加，其中大部分是由国家或地区组织的联合会及平台。

　　这一新发展的另一个相关因素是欧洲共同体的政治化，也就是说，欧洲一体化的反对者和支持者，一众知识分子和由政治科学家、律师和经济学家组成的欧洲专家网络不断地就欧洲一体化的政策进行激烈的公开辩论。虽然没有出现覆盖全欧洲的媒体，但各大国有媒体此时均在相同的时段和更强大的国际网络中，以相似的权重来报道欧洲政策。这种政治化的原因包括欧洲议会引入了直接选举，《欧洲单一法案》对一系列欧洲

223

条约进行了改革以及欧洲共同体的权力日益强大。其中，特别关键的是单一市场与货币联盟计划的实施，欧洲共同体地理上的扩展，有争议的新成员国的加入以及由此引发的极具争议性的全民公投。此外，还有欧共体委员会对欧洲专业知识，尤其是政治、经济和法律知识日益增长的需求。

面对这种政治化，欧洲共同体内部逐渐开始意识到，欧洲的基本决策不能再仅仅由各国政府、利益团体和专家在紧闭的大门后面开会作出，而是要让欧共体国家的公民共同参与。因此，欧洲共同体自 20 世纪 80 年代以来制定了一项政策，使欧洲民众和欧共体更紧密地联系在一起：他们创造了欧洲共同的标志、旗帜、歌曲以及护照。另外，欧洲共同体还推行欧洲文化政策，尝试建立覆盖全欧洲的媒体，但是没有成功。除此之外，它还提出"社会福利欧洲"（das soziale Europa）概念，主张各个福利国家向欧洲共同体内部的移民开放，并于1989 年通过《欧共体劳动者基本社会权利宪章》（Community Charta of Fundamental Social Rights of Workers）以保障工人权利。欧洲议会的直接选举和议会权力范围的慢慢扩大也在这项政策的框架之中。

欧洲一体化的新发展是如何实现的？西欧经济面临落后于更具活力的美国和日本的紧迫危机，必须采取措施改善局面。英国最终在关于欧共体财政预算份额的艰难谈判中妥协，再加上欧洲农业市场的改革，危机得以缓解。80 年代中期以来，欧洲计划由于新的缓和政策也获得了更高的政治紧迫性，而不再像冷战局势紧张时期那样被搁置。此外，公众和欧洲议会的压力也在加剧。欧洲议会采取主动，于 1984 年提出议案通过了建立欧洲联盟的计划，这也将各国政府首脑置于压力之下。最终，成功的政治家们坐上了关键之位：充满活力与创造力的雅克·德洛尔担任欧洲共同体委员会主席长达十年，他善于动员欧洲公众和各国政府参与欧洲计划；法国总统弗朗索瓦·密特朗（François Mitterrand）和德国总理赫尔穆特·科尔（Helmut Kohl）在实现欧洲计划的过程中密切合作，其中不乏关系紧张的时刻，但对于严峻局势的理性认识不断促成二者的合作。

总而言之，20世纪70年代和80年代是一个引人注目的独特时代，此间整个欧洲共同发展，当然，这些发展在欧洲内部各国间也存在巨大差异。经济方面，1973年的石油价格冲击造成的西欧经济增长率急剧下降以及东欧消费品短缺标志着一个新的时代到来了。在西欧，经济从工业经济向服务性经济过渡，货币主义理念占据支配地位，国家层面放松了管制，欧洲层面却重新加强了管制；在东欧，生活水平的保障有着更高的政治优先地位，故应对方案以牺牲投资乃至全球化的新发展为代价。这些都是这一新时代的标志。

社会方面，新时代的标志是60年代后期西欧和东欧的抗议运动，以及人们面对能源短缺、环境恶化、新城市不适宜居住和新流行病等问题而失去对未来经济无限增长和繁荣的乐观预期。为反对自上而下的统一城市规划、社会保障、教育和生活经历，人们更加重视生活选择的多样性，西欧尤其如此；并且相较东欧国家而言，西欧民众规划生活的自主性更强。

文化方面，尽管电视和广播的私有化、媒体的国际化、后现代主义和流行艺术的兴起、国际文化节的扩展和欧洲文化政策的议案只在或主要在西欧出现，但东西欧之间文化领域的交流也的确更加密切了。80年代在整个欧洲范围内出现了一场辩论，西欧和东欧的知识分子和专家以同样的方式参与了这场辩论。

政治方面，70年代是一些西欧国家发生恐怖主义暴力的十年，同时也是南欧独裁统治结束后出现令人惊奇的民主化的

226

十年。面对经济困难和抗议运动，人们不信任精英阶层和自上而下的计划，同时也不信任两个超级大国（因为美国发动了越南战争，苏联入侵了布拉格，后来又入侵阿富汗），东西欧国家都受到了极大的挑战。来自国家的政治压力在各地都普遍增强。

此外，在20世纪70年代，除了超级大国的全球裁军谈判，还出现了专门讨论缓和政策的欧洲论坛，以及签署了《赫尔辛基最后文件》的欧洲安全与合作会议。欧洲一体化在70年代早期的宏伟规划、80年代中期以来的重大新发展以及地理上的扩展虽然都最先在西欧出现，但已经为未来泛欧联盟的形成创造了重要的先决条件。

欧洲历史于70年代进入了一个新时代，这一事实在历史学家中并未引起争议。有争议的是对这个时代的评价。一些历史学家更倾向于认为这是一个衰退的时代，繁荣时代终结，大规模失业现象出现，贫穷扩大，民众失去对未来的乐观和信心，福利国家政策和城市规划遭遇危机，恐怖主义猖獗，国家监控日益加剧，启蒙主义和理性遭到批判，局势缓和的希望破灭，欧洲一体化陷入僵局。

其他历史学家则更多地认为这是一个积极的历史时期。在这一时期，经济增长恢复正常，民众对节约能源、保护环境、提高城市生活质量和人体健康的敏感度增强，要求整体性和统一性的压力减弱，生活选择性扩大，民主更新，民主国家经受住了恐怖主义的考验，局势缓和，欧洲一体化出现新机会，苏联模式逐渐失败。

2　差异减少

在20世纪70年代末和80年代，欧洲依然呈现一幅矛盾

的景象。除了共同的发展趋势，也有着巨大的差异。然而，与
繁荣时期相比，这些差异从根本上发生了变化。

殖民帝国和后殖民主义

殖民帝国与没有殖民地的国家之间的旧差异现在已经基本
上消失了。在去殖民化之后，这种旧差异只留下了少数残余。
个别殖民地以及拥有部分自治权的相关地区得到保留，例如法
国在加勒比地区和太平洋的海外领土，英国在直布罗陀的殖民
地以及在加勒比地区、南大西洋和太平洋的海外领地，荷属安
的列斯群岛。然而，真正的殖民帝国已不复存在。

前宗主国与其殖民地之间通常仍存在密切的文化和经济联
系，但有时也会出现特别紧张的局势，例如法国和阿尔及利亚
之间或英国和津巴布韦之间。前宗主国的媒体，特别是优质媒
体，仍然密切关注着非洲和亚洲的政治、经济和文化，尤其是
在英国广播公司国际频道 [BBC World Service，即 1958 年
开设的英国广播公司海外服务台（BBC Overseas Service），
前身为 1932 年设立的英国广播公司帝国服务台（BBC Empire
Service）] 和法国电台广播 RTF 以及后来接替它的法国国际广
播电台 [Radio France Internationale，设立于 1975 年，前
身为 1940 年的法国之声电台（ Voix de la France ）] 中的国际
节目。

来自前殖民地的公民继续向前殖民国家本土移民，大批
移民从阿尔及利亚、越南和西非迁徙到法国，从印度、巴基斯
坦和加勒比地区迁徙到英国，从苏里南和印度尼西亚迁徙到荷
兰，从撒哈拉以南的非洲迁徙到比利时。而在其他西欧国家，
非欧洲移民主要来自地中海周边的国家。

前殖民国家的语言在欧洲以外的世界仍然被广泛使用。即
使在去殖民化之后，英语、法语、西班牙语和葡萄牙语也依然

228

是许多非欧洲国家的官方语言。然而，在欧洲与前殖民地之间的后殖民关系中，即在贸易和投资方面、欧共体与第三世界国家的协约方面、旅游和文化交往方面，殖民帝国和没有殖民地的国家之间的旧的欧洲内部差异在很大程度上消失了。

南北差异

在 20 世纪 70 年代消失的第二个差异是希腊、西班牙和葡萄牙的南欧独裁政权与西欧其他地区的民主国家之间的对抗。三个独裁政权衰亡并让位于民主政权。在希腊，由于吞并塞浦路斯并阻止土耳其军队占领该岛北半部的尝试失败，1967 年由军事将领建立的独裁统治瓦解了。军政府彻底失败之后，武装力量首领于 1974 年决定恢复民选政府，并召回流亡巴黎的前保守党总理卡拉曼利斯（Karamanlis），重新引入了 1952年宪法及基本权利，举行了选举，并在全民公决中废除了名誉扫地的君主制。

西班牙在独裁者佛朗哥于 1975 年去世之后，几年之内在一致同意的情况下逐渐完成向议会民主制的过渡。1978 年通过了宪法并成功地粉碎了 1981 年的军事政变。这种快速平顺的民主过渡离不开军队中政治精英的广泛共识，以及胡安·卡洛斯（Juan Carlos）国王和苏亚雷斯（Suárez）总理的决心；而过去四十年血腥内战的可怕经历，还有西欧和美国的支持，也促进了这种发展。

在葡萄牙，民主化过程冲突更多，过程要更坎坷一些。因为非洲长久无望的殖民战争，萨拉查及其继任者卡埃塔诺（Caetano）的独裁统治被一群军官在 1974 年的"康乃馨革命"中废除了。在随之而来的弱势政党的政治真空中，各政党势力薄弱，共产党短暂地成为主要的政治力量。但在制宪议会的选举中，共产党仍远远弱于其竞争对手社会民主党和保守党。随着 1976 年宪法的颁布，各政党逐步缓慢发展，加之军事革命委员会的废除，议会民主的道路在经历许多届软弱政府之后逐渐平坦。总的来看，这三个南欧国家引入民主制度的情况大不相同。

尽管如此，这三个国家从独裁到民主的过渡发生在同一历史时期内并非偶然。20 世纪 70 年代的经济动荡使三个独裁政权都陷入困境。西欧的社会民主化也促进了南欧的民主，使其得到了其他西欧国家的大力支持。因此，西欧民主也对南欧人产生了相当大的吸引力，因为它是与欧洲共同体改革计划以及 70 年代北约缓和政策联系在一起的。这三个国家都作为民主国家加入了欧洲共同体，希腊在 1981 年加入，西班牙和葡萄牙在 1986 年加入。

公众也放弃了此前将自己孤立于欧洲之外的态度，这在西班牙和葡萄牙尤为明显。民间社会越来越多地与欧洲其他国家交织在一起。巴塞罗那在 90 年代甚至成为欧洲年轻人的乐土。西班牙和葡萄牙政界人士如哈维尔·索拉纳（Javier Solana）、玛丽亚·德卢尔德斯·平塔西尔戈（Maria de Lourdes Pintasilgo）、若泽·曼努埃尔·巴罗佐（José Manuel Barroso）在接下来的几十年中担任了欧洲政界的最高职务或重要顾问。西班牙在欧洲地中海政策中发挥了特别重要的作用。不管怎样，南北之间的政治差异和三个右翼独裁政权对西欧造成的政治负担在几年内消失了。

231

当然，并非所有的南北差异在 20 世纪 70 年代和 80 年代都消失了。在 80 年代，南部的国家几乎没有移民，因此还没有出现关于移民融入欧洲工业化国家的讨论。旅游者以及养老金领取者和退休人员继续从北方向南方单向迁移，从南方到北方的很少。此外，南部与大陆其他地区的外语交流依然很弱。到 20 世纪 90 年代中期，仍只有不到四分之一的西班牙人和葡萄牙人会说英语，比例远远低于欧洲共同体其他成员国。虽然西班牙语和葡萄牙语也是国际语言，但它们只是在欧洲以外流行，并没有促进与其他欧洲人的交流。当然，与之前南北政治上独裁政权和民主国家的重大差异相比，这些差异几乎微不足道。

工业国家和农业国家之间的对比

20 世纪 70 年代以来，欧洲大陆中心和边缘地区之间、富裕的工业化国家和较贫穷的农业国之间的旧差异逐渐减少，到 1990 年，工业就业率已大幅拉近：在老牌工业化国家，其平均比例从 50% 下降到 41%，而在此前南欧和东欧的大多数边缘农业国家，其平均比例从 37% 上升到 42%。但在 1990 年前后，工业薄弱的巴尔干地区和工业就业率一直很高的中欧地区之间差距仍然很大，特别是希腊（32%）和阿尔巴尼亚（26%），与捷克共和国（54%）、奥地利（49%）和德国（48%）等国家之间。

但这只是一个地区性的而不是整个欧洲的差异。在 20 世纪 70 年代成为主导行业的服务业方面没有出现类似的新差异。伴随工业化进程，欧洲边缘国家的出口和城市化发展尤为迅速，旧的差异也由此削弱了。

与此同时，两者之间繁荣程度的差距虽没有消失，但确实缩小了。至少在工商业领域的时薪方面，曾经的西欧边缘国家增长速度领先于整个西欧的平均增长速度。从当时最受欢迎的衡量消费水平的指示物——汽车——来看，许多边缘国家明显追赶了上来，不管是在西欧，还是在东欧。社会落后的最显著指标——文盲率——在大多数南欧和东欧国家已降至 10% 以下。只有葡萄牙和土耳其到 1990 年前后文盲率仍分别维持在 17% 和 22%。

在高等教育方面，边缘国家也不再处于普遍落后的状态。

只有罗马尼亚和阿尔巴尼亚的学生入学率为 10%、土耳其的为 13%，远低于欧洲水平。边缘国家社会保障支出占国民生产总值的比例也逐渐与西欧平均水平接近，尽管从绝对数字来看，其社会保障支出仍远低于富裕国家。我们暂未掌握东欧的相关统计数据。

最后，工业国和农业国之间也无法再通过预期寿命来划界了。在西欧（不算土耳其在内），这个旧差距在 20 世纪 70 年代和 80 年代也完全消失了。然而，在东欧部分地区，如保加利亚和罗马尼亚，预期寿命实际上有所缩短。

总体而言，中心国家与边缘国家之间到 80 年代末已经无法再清晰划界了。欧洲中心工业发达国家与外围的南部、东部、远北和远西贫穷农业国家之间的旧差异已不复存在。在一些国家，特别是芬兰、意大利和爱尔兰，如果不考虑这些国家的内部地域差异的话，它们已经成为普通的富裕国家，非常接近欧洲平均水平。对其他国家，特别是西班牙和葡萄牙等南欧国家以及希腊、斯洛文尼亚和克罗地亚等巴尔干国家，还有土耳其的一小部分地区来说，这条旧分界线亦明显弱化了。旧的国家差异问题逐渐弱化为一个地区性问题，弱化为巴尔干和东欧大部分地区，特别是罗马尼亚和保加利亚的繁荣衰退问题。在苏联解体之后，摩尔多瓦、乌克兰和白俄罗斯也成为东欧这个"问题地区"的一部分。

233

欧洲各国之间的差异有限度地削弱

在 20 世纪 70 年代和 80 年代，欧洲各国之间的对比也不再那么明显。这一时期主要有三个因素弱化了国家间的对比，它们或是新出现的，或是既有的，并在此时得到巩固：一是消费国际化；二是欧洲共同体的政策，在一定程度上还有经济互助委员会的政策；三是人们摒弃了树立敌对国家形象和建立优越感的传统做法。当然，这些因素对欧洲各国之间的差异也只是起到削弱的作用。因为即便是极其相似的民族国家也保留了许多自己国家的自由裁量空间。

各国特性因消费国际化受到的侵蚀比以往任何时候都更加严重。国际公司主张尽可能地统一消费者，尽可能多地消费国际产品，各国产品之间的差异应尽可能少。由此发展出两种类型的市场策略：一种是开发不与特定国家的文化挂钩的产品和服务，并附上多语种的使用指南；另一种是开发富有特定国家风情的产品，如"瑞典家具"、"法国葡萄酒"、"意大利面"和"英国迷你汽车"，其最终同样以国际消费市场为目标。欧洲、美国和日本公司推动了消费的国际化，也获得了相当大的成功。

购物中心、超市和百货商店的商品，电视台和电影院放映的电影，现代音乐和古典音乐都极大地顺应了国际化步伐，虽然各国之间仍然存在许多差异，但区别已大为缩小。越来越多的欧洲消费者拥有同样的汽车和个人电脑，同样的儿童玩具和家具，更频繁地观看相同的电影并听相同的音乐，与以前相比更常去相同类型的快餐店和披萨店用餐，在同一个度假村度假，并从同一台自动取款机取现金。虽然人们去欧洲其他国家旅行依然能获得所期望的差别体验，但与在自己国家相比，日常消费活动并没有太大不同。

尽管 20 世纪 70 年代和 80 年代欧洲共同体致力于减少各国差异的政策在很大程度上仍主要局限于经济方面，但其作用常被同时代的人低估。据估计，共同体各成员国早在 80 年代就至少有一半经济决策是由欧共体委员会和部长理事会作出的。而且 70 年代以来，欧洲法院确定了意义重大的跨国管辖权。

欧洲共同体遵循两种策略。一方面是通过协调经济法统一产品和服务。以此为目标，在 70 年代和 80 年代很多东西得到了规范，从消费品的标记和质量分级，到驾驶执照、道路标志和卡车长度的标准化，乃至颇具讽刺意味的对香蕉曲率的规定。另一方面，欧共体委员会还有一种旨在促进差异化，但经常被忽视的策略，即不同国家应生产各具特色的产品，开展差异化竞争，相应的，欧洲应遵循源自天主教社会教义的"辅助性原则"（Subsidiarität）。然而，统一战略在 70 年代和 80 年代占主导地位，极大地减少了西欧国家之间的差异。

对减少国家间差异而言很重要的不仅有来自布鲁塞尔的自上而下的统一化政策，西欧国家（包括欧洲共同体以外的国家）的政府和管理部门之间的交流也很重要。这种交流也出现在欧洲共同体仍只有少量权限的政策领域，例如在社会、教育、卫生政策及城市规划领域。其中，公共机构方面的国家差异虽没有消失，但从结果而言，差异已有明显减少，因为严格从数据来看，各国公共社会支出、中小学生和大学生人数以及城市化的差距已变得相当小。

东欧经济互助委员会（RGW）在减少国家差异方面影响较小，因为同欧洲共同体相比，它更坚持国家经济原则，即维持高度集中的计划经济逻辑。经济互助委员会不以成员国之间的互惠交流为目标，第二次世界大战结束以来，它旨在促成东欧成员国与苏联签订大量双边条约，规定苏联以固定价格为中东欧的工业产品供应大量的原材料，以保障对苏联的工业产品供应，同时也确保经济互助委员会在与西方世界经济对抗过程中实现自给自足。在经济互助委员会内部，中欧和东欧工业化经济体与苏联之间的差异也由此进一步深化了。自赫鲁晓夫时代起，经济互助委员会各成员国的经济分工导致工业生产方面出现了各种垄断现象，例如匈牙利为经济委员会覆盖的整个区域生产公共汽车。因此，各成员国之间的差异，而非共同点，被进一步强化了。赫鲁晓夫设立一个中央规划机构并进一步加强经济同质化的计划失败了，因为其他成员国反对苏联经济霸主地位而各自有所保留。尽管如此，经济互助委员会仍对减少欧洲内部的经济差异做出了贡献。自上而下急切、盲目追求实现工业化的政策使欧洲东部和东南部的工业经济遭到破坏，产品质量差，只能在经济互助委员会内部出售，而无法投放世界市场。各国在城市规划、教育、福利和卫生政策方面共同遵循苏联社会模式，促成了经济互助委员会成员国的同化。

20 世纪 70 年代和 80 年代，在欧洲内部，建立在民族国家基础上的巨大差异没有真正减少。民族自豪感非常强烈的国家，如爱尔兰、波兰、英国、奥地利，与民族自豪感没那么强烈的国家，如荷兰、比利时、法国、德国、捷克斯洛伐克、爱沙尼亚的鲜明对比，在 1990 年前后与 1970 年前后大致相同。然而，两次世界大战期间建立起来的敌对国家形象从 70 年代起明显消解了。直到现在，莱茵河两岸宿仇最深的法国和德国对彼此的信任才重占上风。大多数西欧国家的自我形象也发生了变化。与其他国家的关系不再被视为无情的、天然的生存斗争关系，而被理解为合作关系。合作中必然会有冲突，但也有解决方案和共同项目。国家特性不再被用作斗争的武器，而是被视为有趣的特点或者创新的潜力，可供其他国家学习。

当然，人们不可以过高估计这种国家差异的弱化。这些差异仍然显著，并且经常被视为欧洲在世界舞台上的王牌。欧洲多样性得到比以前更加积极的评价。此外，"国家"仍然是个人身份识别的优先参照对象，比"区域"、"居住地"或作为整体的"欧洲"更重要。但国家之间的差异的确发生了变化，差距有所缩小，并得到了不同的诠释。

第二次世界大战道德后果的差异

在欧洲挑起第二次世界大战并且对犹太人、波兰人和俄罗斯人执行了种族灭绝政策的德国，与在大战中被纳粹德国占领的国家之间的根本道德对立并没有在 1970 年至 1990 年消除，因为关于第二次世界大战的记忆在集体记忆中占据了中心位置。法国和英国为纪念 1944 年盟军在诺曼底登陆以及 1945 年德国投降而举办的庆祝活动仍然与以前一样重要。战后成为伙伴的西德尚未被邀请参加这些庆祝活动。

与此同时，各国纪念仪式原有的差异发生了变化。1985 年 5 月 8 日，亦即第二次世界大战欧洲战场战事结束 40 周年纪念日，德国联邦总统里夏德·冯·魏茨泽克（Richard von Weizsäcker）在其引起轰动的演讲中倡议"解放"。这个之前只适用于被占领国的概念，此时也被用来描述德国的投降，也因此成为共同的欧洲语言。德国对纳粹政权的反思也发生了变化，因为一方面，除了研究那些重大的政治抵抗运动，学界还开始研究那些更日常、更鲜为人知的"抵制"行动；另一方面，对于大部分民众作为共谋，以及国防军大规模参与东欧大屠杀的讨论比以前更加激烈了。

238

此外，在被占领国家的历史记忆中，除了抵抗，也有很多协作。他们不仅讨论了抵抗纳粹的成就，也讨论了本国对犹太人遭遇的种族屠杀的连带责任，这样的辩论在法国尤为激烈。

冷战导致分歧进一步加深

在 20 世纪 70 年代的大部分时间里，冷战在国际关系层面似乎有所缓和，因为缓和政策不仅被两个超级大国，而且被欧洲方面通过联邦德国的东方政策和欧洲安全与合作会议推进。在 80 年代中期，美国总统里根与苏共总书记戈尔巴乔夫的裁军谈判预示着冷战进入最后阶段，此前，在 70 年代后期，冷战一度再次尖锐化。

在 70 年代和 80 年代，东欧和西欧在经济和社会中的分歧持续增大。从经济上看，70 年代以来，西欧和东欧遇到了相似的困难，但危机的形式和过程完全不同。西欧经历的重要改变有经济增长速度大幅下滑，布雷顿森林货币体系崩溃，石油危机和石油价格暴涨，通货膨胀急速加剧，传统的重工业地区深陷危机，为发展服务业而导致工业岗位减少，主导经济原则从凯恩斯主义转向货币主义，对西欧福利国家制度的批评越来越多，失业率持续上升，实际收入停滞不前，公共财政预算不再充裕。

相比之下，东欧面临完全不同的经济问题：供应短缺，技术落后，外债，与西方相反的经济和社会政策转变，以及随着时间的推移，由超级大国苏联引起的价格上涨，尤其是石油价格的上涨。尽管东欧在 70 年代的经济增长速度也变慢，但与西欧 2.3% 的增长率相比，2.9% 的增长率仍相对更高，如果这些微小的数据差异可信的话。然而到 80 年代，东欧经济增长率下降到年均 0.4%，远远落后于西欧经济，后者继续以每年 2.3% 的速度增长。

东欧在货物和服务的供应方面出现了瓶颈。与西欧相比，东欧尽管对投资实施了逆向控制，但高端技术依然越来越落后，例如电子数据处理。早在 1970 年，苏联就已经接受了美国国际商业机器公司（IBM）的标准，放弃开发自己的计算机系统。与此同时，通过引进西方技术实现经济现代化的方法遇到了很大的困难，因为它只能通过不断增加对西方政府的债务来实现。通过出口运用西方技术生产的产品偿还债务的想法没有成功，因为东欧的产品在世界市场上往往没有竞争力。

东欧危机的另一个表现是苏联原材料价格上涨，尤其是对东欧其他国家的石油供应价格上涨，尽管相比西方市场时间有所延迟。价格上涨的现象源于苏联超级大国的新政策，而非像西方市场那样是违背超级大国的意愿发生的。因此，其他东欧国家在世界市场上为自己寻求原料供应的尝试遭遇了很大的困难，也遭到了苏联的反对。

东欧危机还有一个症状是，它所实行的经济和社会政策与西方货币主义理念和福利国家批评完全相反：社会保障和生活水平的提高获得了更高的政治优先权，而投资与以往相比地位更低了。国家减少了投资，而在生活成本和社会保障方面给予了越来越多的补贴。这一新的经济和社会政策与苏联从赫鲁晓夫到勃列日涅夫，民主德国从乌布利希（Ulbricht）到昂纳克（Honecker），以及波兰从哥穆尔卡（Gomulka）到盖莱克（Gierek）的领导层变化有关。在东欧，生活保障标准所拥有的全新的优先地位导致了投资缺口，使人们以牺牲物质为代价，从长远来看也一定会再度反映在生活水平上。

与此同时，这项政策提高了对社会保障和不断改善生活水平的期望。因此，这项政策一被撤销，人民就马上提出了抗议，特别是在波兰。作为回应，政府进行了日益严厉的镇压。民主德国打压知识分子的批评言论，最引人注目的事件是1976年驱逐沃尔夫·比尔曼；1981年波兰总理雅鲁泽尔斯基（Jaruzelski）宣布实行军事戒严。

241

20世纪70年代和80年代，西欧和东欧在社会方面也出现了新的差异。高等教育在西欧国家的普及速度更快。大学生人数快速增加，年轻人中大学生平均占比从1970年的15%增加到1989年的34%，女学生人数占比甚至从5%增加到17%。而在欧洲东部，大学生比例从13%增加到26%，其中女学生人数占比从6%增加到13%。

在50年代和60年代，东欧在高等教育方面尚且处于领先地位，但60年代以来逐步落后。之所以出现这种落后现象，一方面是因为西欧更具活力的经济体对高素质人才的需求增大，并且年轻人更加强烈地想要进入高等学校和获得报酬更丰厚的科研岗位；另一方面是因为东欧国家更严格地限制了进入高等学校的机会。

在人口健康方面也出现了新的不同趋势。在50年代和60年代，东欧迎头赶上，东欧和西欧的人口预期寿命就逐渐趋于一致。然而在70年代和80年代开始了逆向发展。西欧男性和女性的预期寿命持续增加，1990年的平均预期寿命比1970年增加了5年。而在东欧，女性的平均预期寿命从1970年至1990年仅增加了2年，男性则缩短了1年，这主要是因为罗马尼亚、保加利亚和匈牙利的预期寿命缩短。苏联与西欧的差异更为明显，1990年，苏联男性的平均预期寿命甚至比1970年缩短了3年，女性比1970年缩短了1年。

242　　　消费方面没有出现如此戏剧性的新差异。1970年前后东西欧在彼时的两个重点消费领域——汽车和电视——存在的明显差距，到1989年时已有所缩小。汽车和电视消费在西欧飞速增长的时代过去了，在东欧的普及仍如火如荼地进行着。与此同时，在其他消费领域，如电话和住房，甚至在基本家庭支出方面，差异却越来越多。

在高等文化方面，西欧经历的新的文化发展，如后现代主义、流行艺术、媒体的私有化和国际化，对东欧而言都是陌生的，几乎可以说是无法理解的趋势。在东欧，欧洲文化节也很难超越官方党派路线组织起来。然而，东西欧之间科学、文学和音乐的交流并没有减少。在关于欧洲以及公民社会的辩论中，交流使西欧从中东欧获得了很多重要启发。但相较之下，这种交流在东欧仅局限于一个狭小的圈子里。

最终，全球化也使西欧和东欧渐行渐远。西欧积极面对全球化，同时果断地参与其中，即使这些国家的参与程度并不完全一样。相反，东欧与其他国家的对外贸易增长缓慢；资本流通也主要在西欧地区加速发展，而非东欧。

同样的，也主要是西欧，尤其是那里的富裕国家在经历非欧洲国家移民增加的过程，东欧则几乎没有移民。通过自动拨号电话、传真以及后来的互联网技术加强交流也主要局限于西欧。东欧还没有自动拨号的国际电话业务，也很少有传真，甚至电话机也仍然很少见，尚不属于家庭的基本配置。到西欧旅行的非欧洲国家旅客越来越多，但是出于政治原因，几乎没有人到东欧旅游。因此，苏联是在一个分裂严重的欧洲中解体的，当中的鸿沟无法在一夜之间填平。

总的来说，20 世纪 70 年代和 80 年代欧洲国家之间的差异局面有所改变。到 70 年代，原本划分欧洲的三大差异逐渐消失。一是南欧独裁政权与西欧北部民主国家之间的南北差异随着西班牙、葡萄牙和希腊向民主国家转变而消失。二是欧洲殖民帝国与没有殖民地的欧洲国家之间的差异也通过去殖民化得到消弭，在 20 世纪 60 年代早期，大部分殖民帝国的去殖民化已经结束，只有葡萄牙到 70 年代初期才结束。在后殖民关系中，这个差异持续缩小。

三是受第二次世界大战蹂躏的国家和未经历战争的国家在物质状况上的对比弱化了。欧洲工业化国家和农业国家之间的差距相比于 50 年代和 60 年代大为缩减。只有在欧洲各民族国家的特质、冷战导致的事态发展以及对第二次世界大战的记忆方面，差异还很明显。消费的国际化、欧洲共同体影响力的日益增强以及个人与国家关系的转变，特别是西欧个人与国家关系的转变，进一步缩小了东西之间的差异。随着德国对纳粹时代的自我批评不断增强，二战记忆中的道德冲突也弱化了。换句话说，这种对立在缺乏同时代人深入讨论的情况下，不起眼地弱化了。当然，也并非完全没有成果，因为从 80 年代中期起，欧洲人重新开始讨论他们长期不感兴趣的"欧洲问题"。时隔多年，重新谈论欧洲统一问题似乎终于变得可行了。

3 后殖民主义时代的全球角色和全球化

从第一次石油危机到柏林墙倒塌期间，欧洲的全球特征及与其他地区之间的联系看起来和 20 世纪 50、60 年代的繁荣时期不同。（1）新的欧洲特征出现了，同时旧的特征发生了显著变化；（2）去殖民化后，欧洲与非洲、亚洲的经济及文化融合发生了变化；（3）随着全球经济发展和通信全球化时代的到来，欧洲在世界上的地位发生改变，因为美国和东亚成为第三次全球化新的主要推动力，而不是欧洲；（4）随着全球化的发展，欧洲不再是移民迁出的大陆，而成为吸引移民的重要目的地之一；（5）欧洲在世界公众和国际组织中的重要性发生了变化。

欧洲的特征

20 世纪 70 年代和 80 年代，欧洲不再像 50 年代和 60 年代一样是世界上最具活力的增长区域之一。相反，从第一次石油危机到柏林墙倒塌，欧洲经济增长几乎落后于世界上其他所有地区。在 70 年代，经济增长的趋势发生了极具戏剧性的逆转。在短时间内，欧洲从世界上经济增长最快的地区变为经济增长最慢的地区，增速甚至落后于非洲和拉丁美洲。1973 年至 1980 年，西欧经济仅平均增长了 2.3%，东欧地增长了 2.9%，欧洲总体增长了 2.5%，而全球经济增长了 3.1%。在 80 年代，西欧的经济增长与以前保持在同一水平，平均为 2.3%，但东欧只有 0.4% 的增长率，因此欧洲整体的经济增长率下降至 1.8%。除了经济极度困难的拉丁美洲（1.5%）和弱势增长的非洲（2.2%），欧洲成为 20 世纪 80 年代世界上经济增长最弱的区域。50 年代和 60 年代欧洲经济增长的辉煌消失了。

在经济繁荣之后，欧洲不再因其工业就业占主导地位优于世界其他地区，因为工业创造的就业岗位不仅外流到非欧洲经济体，还因生产率提高和自动化被"合理化调整"了。尽管如此，欧洲受工业社会的影响仍然比世界其他地区更强烈。一方面，欧洲的危机和工业衰退尤为严重，并且一直备受公众关注。英格兰中部地区、法国北部、比利时南部和鲁尔区沿线等曾经繁荣的工业区，均剩下空荡荡的废弃厂房和工业废墟。

另一方面，工业就业在欧洲仍比在世界其他大部分地区更重要，不止服务行业尚不发达的东欧国家如此，西欧，特别是德语国家，也是如此。在 1990 年前后，整个欧洲仍有超过五分之二的劳动力从事工业生产，仍远远超过世界上其他地区。对欧洲政治家和专家而言，以经济增长为目标的政策依然意味着要建设工业区。尽管在就业方面，工业的影响力不及往日，但它仍然是欧洲人心目中的主宰经济模式。

在人口统计方面，欧洲也与世界其他地区有所不同。1973 年至 1989 年，世界人口增长了 31%。在工业地区或工业国家，如北美，人口增长率也大约达到 18%；日本增长了 14%；苏联增长了 16%。相比之下，东欧的人口仅增长了 9%，西欧仅增长了 5%，整个欧洲仅增长了 6%，欧洲大陆的人口增长仅占全球人口增长的五分之一。因此，70 年代和 80 年代欧洲人口增长落后的程度甚至比 50 年代和 60 年代更为明显。在 50 年代和 60 年代欧洲人口增长了 19%，而世界人口增长了 52%，即欧洲人口增长幅度还不及世界人口增长幅度的五分之二。欧洲这种特殊发展状况的进一步深化与人们结婚意愿下降、经济困难且失业率上升有关。在 20 世纪 70 年代和 80 年代，面对经济困难，各国政府对迁往欧洲的移民有所限制，同时这些移民也没能平衡欧洲持续下降的出生率。

在 50 年代和 60 年代，欧洲模式极具影响力的重要组成部分，即国家对经济和社会的大规模干预在 70 年代和 80 年代发生了显著变化。在欧洲，尤其是在西欧出现了一种全新的"欧洲抗议"。和世界上其他地方一样，这里对国家干预的公开批评增多了，国家也失去了其作为进步和现代性之载体的光辉形象。与其他地方一样，这种批评并不仅仅来自呼吁提高成本效益、实现公有企业和公共服务私有化的新自由主义专家、学者和政客。

247

新的社会运动也对国家权力、庞大的社会官僚机构、城市规划项目、保健中心和国有企业，以及对缺乏客户和公民参与的情况进行了批评。最后，东欧的持不同政见者也对当局进行了严厉批评。这种对国家的公开批评让欧洲与世界其他地区更加相似。基于此，西欧开始出现私有化和放松管制的浪潮，欧洲国家大规模干预的特点也由此向后撤回了一大步。

而与此同时，国家干预在关键领域仍进一步扩大。公共福利支出如果有减少的话，也只是暂时减少了。在这种趋势下，公共福利支出在国民生产总值中所占的份额在 70 年代和 80 年代因为失业率的上升和贫困甚至增加了。除了难以进行比较研究的共产主义国家，欧洲在公共福利保障方面的支出占其国民生产总值的份额最大，远远高于世界上其他国家。与此密切相关的是，70 年代和 80 年代，税收占欧洲国民生产总值的比例不但没有下降，反而继续上升，甚至达到世界最高水平，像美国、日本这样的工业国家甚至南半球的国家都没有达到这个水平。

在内部货币关系中，欧洲共同体甚至进行了汇率调整。布雷顿森林货币体系于 1973 年在货币主义经济学的影响下被美国政府抛弃，并且于 1979 年被西欧用自己的区域货币体系取代，该体系包括欧洲共同体成员国，各国之间实行浮动汇率制。20 世纪 80 年代后期，欧洲共同货币计划开始了。因此，70 年代和 80 年代是一个矛盾时代，这个时代对国家干预和私有化的批评日渐增加，但同时，放松管制又遭到大规模反对，新的管制出现，实施干预的国家被欧洲人高度接受。显著的国家行为作为欧洲的特点发生了变化，失去了其全球吸引力，但并没有消失。

248

　　20 世纪 70 年代和 80 年代，在价值观的发展方面，欧洲特别是西欧找到了自己的道路。彼时社会学家将欧洲这个时代的价值观变化命名为"个性化"（参见第三章第 1 节）。当时的调查显示，相关的价值理念在世界上任何其他地方都没有像在欧洲尤其是西欧那样获得如此高的声望。

　　欧洲的特殊发展在另外两个与此密切相关的领域也加强了。60 年代以来，世俗化、人们与教会和教会团体关系的减弱、教会成员定期做礼拜及参加宗教仪式次数的减少，在整个欧洲都有一个显而易见的过程，虽然这个现象在各个地方程度不同，且东欧和西欧的政治原因完全不同。然而，与当时大多数社会科学家认为的不同，这种世俗化并不是一个遍及全球的过程。它既没有发生在美洲，也没有发生在非洲、中东、南亚或东南亚。只有东亚出现了激烈程度相似的世俗化现象，但二者并不真正相同，因为宗教机构、宗教与国家之间的关系以及对宗教的依赖程度完全不同。因此，世俗化是欧洲的一个特殊的发展，它在 90 年代并没有以同样的方式持续下去。

249

　　欧洲人对个人暴力和公共暴力的新态度也是一种特殊的发展。不信任和反对暴力在欧洲的发展比在美国以及在世界上其他地区都更为强烈。对个人暴力行为、对在家中殴打儿童、对拥有私人武器、对年轻人进行残酷的入会仪式（比如德语国家学生间的决斗）的谴责都大大增加。还有国家暴力行为，特别是死刑、以战争作为外政手段、警察对示威者的暴力行为以及公立学校教师对学生的殴打等也越来越受到人们的抵制。20 世纪 70 年代以来，人权和限制暴力已被列为西欧外交政策的指导原则，这也影响了其国内政策的许多方面。这种谴责暴力的态度与人们对两次世界大战给世界造成巨大破坏的深刻记忆不无关系。但最重要的是，限制暴力不仅是基于价值观的变化，也是基于一种信念，即无论在公共管理领域还是政治领域，国家层面还是国际层面，都应以最低限度使用暴力。

最后，在 70 年代和 80 年代，西欧的一个政治特征尤为突出：在欧洲区域组织，特别是在欧洲共同体中，各国政府之间的合作和联系非常密切。尽管世界上的其他地区也有类似的区域性组织，例如 1945 年成立的中东和北非阿拉伯国家联盟、1967 年成立的东南亚国家联盟（ASEAN）、1963 年成立的非洲统一组织（OUA）、1989 年成立的亚太经合组织（APEC），以及 90 年代后期先后成立的南美南方共同市场（MERCOSUR，1991 年）和北美自由贸易区（NAFTA，1994 年）等尤为重要的组织。

但是，与非欧洲区域的组织不同，西欧国家政府之间的跨国合作要紧密得多。除了西欧的欧共体委员会、卢森堡的欧洲法院、欧洲议会，世界上没有任何别的地方出现过类似的拥有自主权限并能够独立于国家政府之外运作的超国家机构。此外，70 年代以来，尤其是欧洲理事会成立以来，欧洲领导人之间的会面频率远远超过世界其他地区的同僚。在西欧，精英关系网要紧密得多，国家政府之间的交流也更加密切。此外，只有西欧以议会制形式对其区域组织实行了管控，哪怕在当时影响还很微弱。

总的看来，以稳定的民主制度为加入的先决条件是西欧区域组织的独特要求，这一要求后来也只有北美自由贸易区有过，其他任何区域组织都没有。此外，只有欧洲设立了国际人权法院，即斯特拉斯堡的人权法院，在那里公民个人也能够起诉本国政府；20世纪70年代以后欧洲共同体又通过卢森堡法院的判例法对其加以补充。从外部来看，欧洲区域组织的重要性有所提高，因为到70年代和80年代，西欧所有较大的国家都加入了。

最后，欧洲共同体很独特的原因还在于，它与欧洲第二个区域性的、组织结构完全不同的联盟，即东欧经济互助委员会进行了激烈的竞争，后者是苏联推行霸权的工具，而拥有西方霸权地位的美国并不属于欧洲共同体。基于这些原因，在70年代和80年代，欧洲共同体作为经济合作和国家政府区域联盟的政治模式越来越多地被全球公众讨论。

251

后殖民主义

欧洲全球互联关系的决定性因素是欧洲在后殖民时代的新角色。去殖民化程度有多深以及殖民时代持续了多久都是有争议的。前殖民地像以往一样依然存在着强烈的经济依赖性，对外贸易和外国投资方面尤甚。前殖民地继续向欧洲供应原材料和农产品，而欧洲则向前殖民地输出工业产品和资本。由于工业产品价格和原材料价格之间的剪刀差，这些经济关系对前殖民地而言是不利的。而且许多较小的前殖民地的经济主要集中在某一种产品的出口上，因此这一劣势格外明显。

此外，前殖民地仍然依赖前宗主国的原因还在于，它们经常不得不用欧洲贷款来援助投资建设。可出口收入低，往往不够偿还贷款。不断增加的债务和日益严重的贫困形成恶性循环，使前殖民地更加依赖欧洲。最后，前殖民地在旅游业和手工艺产业等经济分支上又对欧洲产生了新的依赖。国际公司，也包括那些已很久没有殖民地的欧洲国家的公司，在欧洲与前殖民地之间的经济关系中发挥着越来越重要的作用。后殖民背景下政府的经济意义由此被削弱了。

然而，欧洲宗主国对前殖民地的政治影响并没有减弱。许多欧洲政府顾问和行政部门对前殖民地的独立产生了很大的影响，因为这些国家本土往往缺乏能胜任的工作人员，同时欧洲人非常了解曾经的殖民地国家。前殖民地人民甚至偶尔向欧洲军队求助，来帮助他们解决众多内部冲突中的某一个。此外，许多欧洲医生、科学家、传教士、教师和发展援助人员在那里工作。欧洲共同体以一项提供相关知识、配备专家力量的发展政策对此加以支持。冷战也进一步推动了西欧人在其前殖民地发挥军事和民事作用。前殖民大国英国和法国也尝试以英联邦（Commonwealth）或者法语国家组织（Francophonie）的形式不同程度地保留其政治影响力。

在文化领域，前殖民地对欧洲的依赖性进一步加强，语言在其中发挥了重要作用。欧洲和其前殖民地在进行政治、经济和文化方面的协商时所用的是欧洲语言，而不是非洲语言。如果前殖民地的作家、科学家或政治家想在国际舞台上产生影响，那么他们只能用欧洲语言发声，并且因此一同接受与这门语言捆绑在一起的欧洲价值观。

此外，欧洲工业产品的出口经营者、慈善机构以及政治组织在前殖民地倡导一种涉及健康和卫生、饮食、交通出行、财产、家庭生活和社会交往等诸多方面的欧洲生活方式，并往往宣称其具有优于前殖民地的"欧洲现代性"。欧洲的生活方式，无论是西欧的还是东欧的，便是这样通过广告、医疗援助以及家庭和经济咨询项目等途径产生了霸权影响。最后，前殖民地的原住民即使在去殖民化之后，在自己的国家，以及在欧洲，都要面对"欧洲更优越"的理念和自己国家逐步异化的事实。

　　然而，人们不能简单地认为这种依赖是一直持续的。去殖民化的过程也有很深的断裂。现在对前欧洲殖民地的政治、经济和文化产生了巨大影响的是冷战中的两个超级大国，即美国和苏联。这种影响不是基于正式的殖民统治，而是基于非正式的霸权。确保南半球对北半球依赖的也是两个超级大国，而不再是欧洲。此外，欧洲国际企业与欧洲各国政府相比权力越来越大。在欧洲与第三世界的关系中，它们逐渐成为独立的参与者，变得越来越国际化，政府对其影响越来越小。在欧洲全球政治权力丧失的过程中，它们成了仅次于美苏两个超级大国的第三大赢家。另一个新出现的独立参与者是欧洲共同体。它不仅是前殖民国家稳定与第三世界国家关系的工具，还以规划、专业知识和科技投入为基础，制定了独立的发展政策。

　　前殖民地对欧洲的经济重要性也极大减弱。战后初期，阿尔及利亚、印度和印度尼西亚等殖民地仍然是欧洲大陆，尤其是法国、英国和荷兰最重要的贸易伙伴。然而，在 20 世纪 50 年代和 60 年代，欧洲其他工业化国家成为最重要的贸易伙伴和最重要的投资国。除了那些能够在经济上实现赶超的前殖民地，第三世界国家对欧洲经济的重要性消失了。

　　事实上，并非整个第三世界在后殖民主义时期都继续深陷对前宗主国的依赖。在欧洲，大量前殖民地和受霸权影响的地区成功地摆脱了经济依赖。去殖民化后，有两个途径实现经济独立。第一种途径是一些前殖民地通过积极向世界市场出口自己的工业产品，实现了高速的经济增长和令人瞩目的繁荣。早在 70 年代和 80 年代，日本和英国在东亚和东南亚原有的或现有的殖民地（如韩国和新加坡）就实现了经济独立。许多工业岗位以这种方式从欧洲转移到其前殖民地。中国也在 80 年代转向了这种以贸易促进发展的模式。

　　前殖民地摆脱殖民主义依赖性的第二种途径是出口那些价

格上涨速度远远快于工业产品的原材料，例如石油，如果本国储量充足的话。通过这种方式，一些前殖民地和受霸权影响的地区积累了巨大的财富，也摆脱了对欧洲的经济依赖。20 世纪 80 年代，包括沙特阿拉伯、科威特和阿拉伯联合酋长国在内的一些中东国家都是如此。虽然前殖民地或受霸权影响的地区未能通过这两种方式完全摆脱经济上的依赖，但是单方向的殖民依赖和剥削被相互依赖取代了。在某些经济危机中，例如在 70 年代的石油危机期间，依赖者与被依赖者的角色甚至发生逆转。

前殖民地的依赖并非持续不变的，还体现在另一个方面。20 世纪 70 年代以来，作为统治形式的殖民地几乎完全消失，剩下的少数殖民地，如南罗得西亚（在 1980 年独立）只是前欧洲帝国的残片。依赖究竟是存在于殖民统治之下，还是以欧洲的经济、文化或者军事影响为基础？二者是有区别的。不同于殖民时代，殖民地独立后，本土精英统治着国家，尽管统治方式不同，却可以行使本国的权力并拥有自己的立场。此外，独立后，它们在冷战中利用超级大国的彼此对抗，获得了相当大的谈判空间，并充分加以利用。

此外，在去殖民化之后，欧洲与前殖民地之间的文化交流发生了很大变化。来自加勒比海、北非、中东、斯里兰卡、东南亚和东亚地区的前殖民地的大批移民形成了新的少数群体，影响了欧洲文化，尽管这些移民最初大多数生活在欧洲城市的贫民区。

慢慢地，90 年代以来，新移民首先开始对欧洲的音乐、饮食、生活方式和体育运动产生了影响，后来也开始影响欧洲的文学和绘画、婚恋对象、医药和宗教，还在曾经的殖民国家以外的欧洲城市展示前殖民地的艺术、美食和宗教。此外，对前殖民地的经济、文化输出和转移并不总是意味着欧洲文化占主导地位和对其他文化进行同化。文化在接受国往往会再度发生转变，获得与欧洲语境不同的新的意义。

256

去殖民化后，很大一部分欧洲公众放弃了欧洲拥有主导优势的观念。20世纪60年代以来欧洲对南半球国家有三种不同的态度。第一种态度是要保持传统的欧洲优越性，当然在没有殖民地的情况下，是以不一样的形式，即通过欧洲的现代化政策和发展援助实现的，这在面对撒哈拉以南的非洲、北非以及中东的一些国家时体现得尤为明显。第二种态度是尝试赋予前殖民地"异域风情"。要么是经典的形式，即构造一个未经商业化的、与欧洲相反的世外桃源般的世界，这样一个世界在宗教、哲学和医学方面，甚至在日常生活方面也受到欧洲人的向往；要么是像拉丁美洲切·格瓦拉（Che Guevara）和菲德尔·卡斯特罗（Fidel Castro）的武装解放斗争那样，打造了新的"政治异域风情"。第三种态度则是逐渐在多极世界中承认南半球国家在经济和政治上是平等的。

全球化

早在20世纪80年代，"全球化"就成为政治和学术辩论中的一个关键概念。它有多重含义：从微观上讲，是指因国际贸易、国际投资和国际公司而日益加强的国际经济联系；从宏观上讲，除了通常被视为核心的经济一体化，全球化还意味着全球交流和流动的增强、全球组织和网络的影响力的扩大、全球生活方式和消费方式的出现以及地区和国家对全球化消费方式的抵制，还有公众对世界其他地区和全球发展认识的加深。下文将使用宏观的全球化概念，因为人们不能对其社会和政治后果以及全球经济一体化的先决条件视而不见。

257

对于全球化的时期划分存在多种不同意见。一些历史学家认为近代早期欧洲的扩张是最初的全球化，另外一些历史学家要么并不视其为全球化，要么认为那只是伴随伊斯兰和蒙古扩张，或在其之后发生的众多早期全球化现象中的一种。全球化的进一步发展被认为发生在19世纪，有人认为是在19世纪初，也有人认为是在19世纪70年代才开始的。在这一过程中，除了欧洲，美国也是主要参与者。美国有时被认为是全球化最重要的参与者，有时则同本书的观点一样，被认为是第二重要的参与者。

第三波（也有人认为是第二波）全球化被认为发生在第二次世界大战之后。这波全球化的主要参与者是美国，欧洲在其中一直被认为是居于次要地位的，而在之后的进程中，东亚也成为重要参与者。对于这波全球化的起始日期也存在很多不同意见。一些历史学家认为它在第二次世界大战结束后就立即开始了，主要原因是全球组织，如联合国和世界银行以及各自附属机构的成立将各国紧密联系起来；同时，冷战的全球性、20世纪50年代以来贸易和运输的全球扩张以及布雷顿森林体系对货币进行的全球监管也与此息息相关。也有一些历史学家视60年代后期的国际学生运动为全球化的印记。

但是从20世纪50年代到70年代早期，欧洲的全球联系是矛盾的。欧洲一半地区和东亚的大部分地区被赶出了世界市场，因此它们在很大程度上未受到全球化的影响。此外，西方金融市场和商品市场仍然受到高度监管，一部分监管来自国家政府，另一部分监管来自布雷顿森林体系等国际协议。这大大减缓了全球化进程。50年代和60年代全球经济在贸易和资本方面的相互关联状况甚至还不及1914年之前的全球化阶段。此外，二战后欧洲在全球组织，特别是联合国及其附属组织中地位有所下降，同时去殖民化削弱了欧洲政治的全球联系。冷战本身虽然是全球冲突，但对欧洲而言，更像是大西洋地区的区域冲突。移民并没有将欧洲与世界其他地区连在一起，欧洲

人文科学也很少以全球为导向。基于这些原因，我们还不能将
20 世纪 50 年代和 60 年代完全视为欧洲新的全球化时期。

　　70 年代和 80 年代以来，这一切都发生了变化。一系列
的重要发展加深了西欧的全球化，西欧在 90 年代仍充满活
力地继续发展，并影响了东欧。70 年代和 80 年代欧洲虽没
有再次加速参与全球经济，因为经济发展对它来说太成问题
了，然而与 1914 年以前的全球化相比，它在另一些领域有了
进步。1970 年前后，全球经济一体化大致达到了 1913 年的
水平。1973 年世界出口份额占全球国民生产总值的 11%，并
不比 1913 年的 8% 高很多，同时西欧出口份额占国民生产总
值的 19%，也并不比 1913 年的 14% 高很多。而在 1990 年前
后，世界经济相互联系的紧密程度，是在 1913 年难以想象的。
1998 年世界出口占全球国内生产总值的比值从 1913 年的 8%
增加到 1998 年的 17%，翻了一番多。这一趋势在欧洲更显著。
1990 年西欧的出口占国民生产总值的比例为 28%，是 1913 年
（14%）的 2 倍，东欧的这个比例在 1998 年为 13%，比 1913
年 3% 的 4 倍还多。

259

　　欧洲尤其是西欧对全球经济的重要性，即使不考虑欧洲
内部的贸易，也远高于世界平均水平，远高于美国和日本，且
仍在迅速增加。其根源是 19 世纪欧洲工业很大程度上向非欧
洲市场出口产品，从而形成全球霸权地位。由于以出口为导向
的工业迅速发展，在第二次世界大战后，欧洲经济体也对西欧
在原材料和投资品方面的需求提供了资金援助，从而实现了经
济复苏。欧洲经济在工业不再占主导地位之后，仍继续走这条
之前走过的道路，因为现在的时机很有利：运输和通信成本下
降，《关税及贸易总协定》的关税从 25% 左右降到 10% 左右，
国际交流整体上变得更加容易。

　　此外，外国投资的增长也加深了欧洲的全球化。70 年代

和 80 年代外国投资在世界范围内急剧增加，因此 1990 年前后的外资要比 1970 年前后高得多，但是否超过 1914 年以前的水平，对此人们意见并不一致。外国投资相比于外贸也更受经济周期影响。外国投资在 20 世纪 70 年代后期和 80 年代后期迅速增加，而此前在 70 年代初停滞不前，在 80 年代初更是经历了暴跌。欧洲积极参与了这一全球对外投资趋势。1960 年前后注册的全球外国投资只有 20% 左右来自欧洲，但 1975 年前后欧洲的份额约为 40%，达到了美国的水平，并且从那时起一直保持在这个水平。与此同时，全球外国投资到 1985 年已变为 1960 年时的 10 倍，到 1995 年甚至变为 30 倍。

然而，外国投资越来越局限在三个目的地国家和地区，即美国、西欧和日本。在 1961 年前后，联邦德国的对外投资仍主要集中在发展中国家，但在 1990 年前后，它的投资就普遍集中到了北大西洋地区。外国投资快速增长的决定因素是国家对国际资本流通控制的自由化，特别是在 80 年代。

欧洲跨国公司的角色改变是欧洲全球化的又一个特征。在 70 年代和 80 年代，欧洲公司在世界上最大的上市公司中占据了很大的分量。1970 年前后，全球五十强的公司中只有三分之一左右总部设在欧洲，美国大企业占据上风，两次世界大战的影响仍然很明显。相比之下，在 1990 年前后，世界前五十强的公司中有一半以上来自欧洲，这也使欧洲经济更多地参与到世界市场中。

新的通信技术、自动拨号电话、传真和互联网极度强化了信息交流，欧洲全球化也得以发展。除此之外，新的运输技术，特别是空运和标准化集装箱，也促进了货物交换。信息交流的发展不仅异常迅速，而且异常广泛，与以前相比越来越不易受政府的控制。信息交流的密度使新一轮全球化与 19 世纪建立在信件、电报和电话交流基础上的全球化完全不同。

欧洲全球化还有一个特征是移民迁徙到欧洲。从20世纪60年代开始，非欧洲人开始移民到欧洲。荷兰、英国、法国、比利时和联邦德国是主要的移民接收国。除了来自前殖民地和苏联亚洲区域的原欧洲移民后裔，还有很多来自加勒比、北非、巴基斯坦、印度、中国和印度尼西亚的移民。他们大部分人仍保留外国人的政治身份，但在荷兰和英国也有很大一部分人入籍。欧洲成为世界上最重要的移民迁入区之一。然而，必须说明的一点是，传统的劳务移民通常流向了没有高级技能要求的工作岗位，他们绝大多数是来自地中海南部和东部地带的移民，即不是全球长途移民。

但除这种典型的劳务移民外，还有三个新的动力吸引移民向欧洲迁移：首先，在80年代，不仅地中海和东欧，还有亚洲部分地区、撒哈拉以南的非洲和拉丁美洲的残酷独裁统治导致寻求政治庇护的人数迅速增加；其次，由于非洲在世界经济发展中的落后，很多非法移民前往欧洲；最后，由于国际公司的崛起和科学研究的国际化，高素质人才成为新的全球移民。

在欧洲的大城市，移民经营自己的餐馆、食品店、服装店和珠宝店，有自己的宗教中心，庆祝自己民族的节日，由此拓宽了欧洲的生活方式和消费方式，欧洲本土文化也越来越有全球化的特征。与以往的全球化不同，来自世界其他地区的殖民商品不再被欧洲贸易公司冠以臆造的异国情调卖给欧洲人。最主要的不同是，来自其他文化的移民自己在欧洲销售商品并赋予这些商品自己的意义。

262

在20世纪50年代和60年代，欧洲消费的国际化兼具欧洲化和美国化的特点，同时也引起了美国消费的欧洲化。到了70年代和80年代，欧洲消费在美国化趋势之外，也有了其他国家的消费方式的补充。特别是东亚消费品，如日本、韩国以及后来中国在电子、纺织品和玩具领域推动了西欧市场的发展。欧洲消费进一步全球化。

然而，此次全球化与以前的美国化不同。它并没有像美国化那样改变欧洲社会，美国化通过广告、市场营销、自助商店、超市、汽车和电视节目改变了消费的基础。此外，来自亚洲的消费品并不是代际冲突的象征。在公开讨论中，公众对此次消费全球化的态度也不同。类似于"欧洲会被美国化压倒"的关于欧洲日本化或者欧洲亚洲化的讨论并没有出现，因为此次欧洲消费国际化的背后没有超级大国的操控，它只是对美国化进行了补充，同时通过这种方式使其稍微平衡。

在全球人口流动的另一个层面，在国际旅游和商务旅行中，之前的发展仍在继续。根据世界旅游组织的统计，旅游业在 20 世纪 70 年代和 80 年代继续快速增长，但与 50 年代和 60 年代相比，增速并没有进一步加快。欧洲全球化的主要原因是，且不算欧洲内部的出国游，世界范围内的出国游也往往以欧洲为目的地。1989 年有 2.5 亿游客前往欧洲旅游，而只有不到 8700 万人前往美国，去亚洲旅行的约有 5000 万人，去非洲的只有 1400 万，去中东的才 900 万。在 70 年代和 80 年代，前往欧洲的游客比例有所下降，但欧洲的旅游人次仍远远超过世界其他地区。

欧洲也是除美国外吸引世界各地学生数目最多的地区。1980 年前后，大约有 26 万名来自欧洲地区之外的学生在欧洲大学注册学习，有 31.2 万名非美国籍的学生在美国读书；在日本这个对外国学生吸引力第三大的国家，也只有约 6500 名非日本籍的学生。在 80 年代和 90 年代，欧洲和美国之间的差距继续缩小。此外，欧洲还是世界上最大的书籍和报纸出口地区。1990 年，欧洲出口了价值 37 亿美元的书籍，而北美仅出口了 17 亿美元的书籍，还不到欧洲的一半。就印刷媒体的出口而言，1990 年欧洲甚至占世界出口的 48%，而北美只占

20%。没有任何地方像欧洲那样，将如此多的书籍翻译成那么多不同的文字并且出口：翻译书籍（1989 年）中有 66% 是在欧洲出版的，当然其中有一个原因是欧洲的语言多样性。

欧洲的全球化也通过国际民间组织得以强化。20 世纪 70 年代和 80 年代通常被认为是民间组织兴起的时期，全球范围内国际非政府组织（INGO）的数量也增加了。特别是在 70 年代和 80 年代初，它们的数量从 2000 左右增加到 4000 以上。最著名的国际非政府组织总部均设在欧洲。在此期间，许多全球联动的社会运动也出现了。20 世纪 60 年代后期的学生运动就已经不仅仅是西方的运动，而是一场全球运动，后来的和平运动、环境运动和妇女运动也是如此。通过这种方式，欧洲的民间组织也比以前更具全球特性。

然而，在 70 年代和 80 年代，全球化的阴暗面也越发暴露。不断增加的贩毒活动将欧洲与毒品产地拉丁美洲和中东联系起来。欧洲成为国际贩毒的重要市场和重要枢纽。以贩卖奴隶劳工和强迫卖淫为主的非洲和亚洲人口贸易增加了。由于边境管制的自由化，西欧成为非法武器贸易的重要区域。欧洲与非洲以及亚洲之间收入差距扩大，导致到欧洲的非法移民增加了。

欧洲和世界其他地区在 70 年代和 80 年代是否也因全球危机的共同经验而联系在一起，对此尚有争议。石油危机无疑是一次全球性的危机。但之后在 80 年代和 90 年代发生的危机又只是局限在世界某个地区的区域性危机。

总而言之，在 70 年代和 80 年代，欧洲的全球联系程度如此之深，以至于人们可以毫无保留地说欧洲确定在经历全球化。但是欧洲的全球化是在没有受到外部影响也没有自己的内部干预的情况下发生的。欧洲大陆不再扮演被动的受害者角色。欧洲的确有许多工作岗位在这个过程中转移到了世界其他地区，并且欧洲经济也因石油价格上涨而严重受挫。但是，欧

洲的参与者——企业家、政府、发展援助工作者、游客和消费
者——又积极推动了欧洲大陆的全球化发展，不仅在经济方
面，也在政治、社会和文化方面。因此，欧洲扮演了相互矛盾
的角色，即一方面抱怨全球化为其带来的消极影响，另一方面
又积极推动全球化的发展并从中受益。

世界舞台上的欧洲

后殖民主义以及全球化范式使另一个对探讨欧洲全球化
很有启发性的主题边缘化：欧洲在世界公众中的角色。第一次
世界大战以来，欧洲便逐渐失去了其积极主导全球事务的榜样
角色。尽管此观点之前也从未被完全接受，但是欧洲的确是因
为两次世界大战的残暴以及随后的殖民战争才失去了它的吸
引力。

第二次世界大战后，除了高等文化和福利国家政策，欧洲
模式在冷战期间受到了美国和苏联模式的大力压制。然而这仅
有的例外也在 20 世纪 70 年代和 80 年代失去影响力。欧洲福
利国家面临日益强大的支持市场和反对国家的趋势。在高等文
化方面，美国，特别是纽约，越来越成为西方的文化中心。与
此同时，欧洲作为跨国一体化以及和平不好战、追求国际关系
平衡的典范，在这个时代几乎起不到作用。

与此同时，欧洲大陆在 70 年代和 80 年代虽然与世界其
他地区在经济、旅游和通信技术方面的联系加强，但公众很少
关注世界其他地区的事件。曾经的宗主国，如英国、法国、葡
萄牙、比利时和荷兰，都重新以欧洲为重心。与世界其他地区
的新文化联系很少被建立起来。与经济和旅游日益加强的联系
不同，欧洲媒体没有对世界其他地区进行更深入的报道，驻外
记者的人数也没有变多。媒体报道往往不是为了让人们更好地
理解欧洲以外的地区，它们更多是冷战时期欧洲内部政治斗

争的延续。面向世界其他地区的欧洲媒体尚未得到进一步发展。英国广播公司国际频道、法国国际广播电台和德国之声（Deutsche Welle，成立于 1953 年）仍然是欧洲面向世界其他地区的最重要的媒体。

欧洲亦没有刻意促进关于世界其他地区的专业学科的发展。相关教授和研究所的数量并没有显著增多。欧洲学者的社会科学和历史比较研究通常只限于欧洲或大西洋地区，很少包括亚洲和非洲。巴黎的法国社会科学高等研究院和伦敦的亚非学院是欧洲研究世界其他地区的少有的典范。因此，欧洲人研究世界其他地区的兴趣不仅与美国、澳大利亚相比很薄弱，与中国和印度相比也很薄弱。这也导致欧洲政府缺少独立研究欧洲和西方国家之外区域的专家。

20 世纪 70 年代和 80 年代的一些新话题困扰了专家，影响了社会运动以及后来的政治决策，如气候变化和环境保护、能源供应、裁军和人权等，这些话题不可避免地国际化，并打破了国家框架。但欧洲人尚未视其为全球问题。与 60 年代古巴导弹危机和越南战争时期不同，欧洲人不再因欧洲以外的冷战事件受影响，也不再关心世界其他地区。

267

总体而言，欧洲的特征在被许多人视为"欧洲现代之开端"的 70 年代和 80 年代发生了变化：欧洲大陆从经济增长最快的地区快速变为世界上经济增长最慢的地区之一。早期的特点，如工业就业的优势消失了，还有大规模的国家干预也因货币主义的兴起而备受批判。至少在西欧，工业已丧失其强有力的主导地位。服务业像全世界其他区域一样变得很重要。尽管稍微滞后并且仍有阻力，且也有某些方面重新开始了监管，但欧洲总体而言放松了管制。这一时期明确的欧洲特征包括人口增长和城市增长异常缓慢且与全球的差距较以往更大，还有个性化以及世俗化。

欧洲与世界其他地区的贸易继续增加，超过了上一个全球化阶段，即 1914 年之前的水平。欧洲的外国投资实现自由化，并大幅增加。欧洲集团在世界上一众最具规模的企业中占据了重要位置。通信和运输技术，如自动拨号电话、传真和互联网以及飞机和集装箱系统的发展也使欧洲与世界其他地区的联系更加紧密。这对全球公民社会的发展以及全球消费的形成都产生了积极的影响。从欧洲之外移民到欧洲的人数增加了。但是全球化的黑暗面，如毒品和人口贩卖、非法移民以及从欧洲向世界其他地区非法或合法出口武器的问题变得更加严重。然而，这些新的相互依存关系当然并不是欧洲全球强国地位的回归带来的。

虽然欧洲原殖民国家与其前殖民地的不平等经济关系以及原殖民国家的文化主导地位大多在去殖民化后仍在其前殖民地被保留下来，但是在世界政治中，欧洲无疑已经受到美国和苏联两个超级大国的排挤。此外，对欧洲经济而言，与现代工业化国家的经济关系比与南半球国家的经济关系更为重要，如果南半球国家不实行工业化或提供原油等重要原材料的话。随着南半球对欧洲文化影响力的增强，欧洲与南半球国家的交流不再像殖民时代那样是单方面的。来自欧洲前殖民地国家的移民在音乐、体育、文学、绘画甚至欧洲的政治领域都逐渐获得了发言权，到了 20 世纪 90 年代更加令人瞩目。

然而，在 70 年代和 80 年代，欧洲的全球影响力体现在一对根本性的矛盾上。一方面，欧洲在国际组织和世界公众中的重要性进一步减弱。欧洲甚至自身就处于美国和苏联两个超级大国的影响范围之内。苏联在其影响范围内以严格的中央集权形式行使权力，而美国则倾向于地方分权的形式。另一方面，欧洲在全球虽然不再具有最重要的政治和军事地位，但在经济和文化方面，它却拥有新式的关键地位。欧洲仍然是全球经济和文化的主要参与者。

　　然而，大多数时候欧洲人在精神层面并没有参与欧洲与世界其他地区之间日益加强的联系。在媒体、科学和文学方面，欧洲人对世界其他地区的关注都没有明显增加。新的国际政治问题，如气候变化和环境保护、能源供应、裁军和人权等，也仅局部打开了欧洲人看世界其他地区的视野。欧洲人精神层面的全球化并未伴随经济、社会和交流的全球化出现。

269

结　语
1989年前后的欧洲

　　本书写到1989年东欧剧变之前。因此，结语将针对1989年简单提及欧洲共同发展以及欧洲内部差异的问题，并探讨此次剧变是否真的与本书探讨的1945年和20世纪70年代的两次剧变类似，是一场影响广泛的欧洲共同事件。东欧和西欧的历史学家对此持不同的观点。人们可以马上提出很有力的反面论据。众所周知，只有东欧和苏联的政治体制发生了变化。欧洲西部的任何地方都没有发生政权的更迭。从根本上来讲，1989年至1991年东欧和西欧仍存在差异。

　　即使在东欧内部，1989年剧变也并不相同。更确切地说，1989年至1991年，各地的发展千差万别：罗马尼亚出现政变，没有更换政权；戈尔巴乔夫从上层改变了政权，随后苏联解体；中东欧则开展了包括异见抗议运动、取代部分政治精英、引入民主制度和完全实现国家独立的非暴力的"天鹅绒革命"。欧洲史无前例的非暴力政权更迭也只发生在中东欧地区，而不是东欧，也没有发生在苏联。这些非暴力政权更迭的过程也有很大差异，抗议活动和围攻状态在波兰持续了大约二十年，而在中东欧的其他国家和民主德国只持续了几年。

　　反对把1989年剧变视为一个共同的欧洲事件的原因还有，这场变革的诱因并不涉及整个欧洲，而主要与苏联的特殊情况以及中东欧和东欧的不同国情有关。其中，苏联内部引起解体的原因尤其值得关注，因为其帝国主义政策以及后来的解体在

1989~1991 年的变革中扮演了关键角色。这些特殊的内部原因不仅包括计划经济模式下苏联消费品行业的缺陷和传统农业生产力的薄弱，还尤其包括苏联和西方信息技术之间日益扩大的差距。在与美国的军备竞赛中，苏联因这一劣势，无法长期坚持下去。由于缺乏信息技术，苏联落后于西方的生活水平和生活方式很难得到改变。要注意的是，这种落后不仅是相对于西方而言的，和中国相比它也面临落后的危险。

苏联方面导致 1989 年剧变的另一个重要因素是戈尔巴乔夫希望通过减轻军备竞赛的压力，实现苏联现代化。最后一个反对 1989 年剧变为共同的欧洲事件的论据是欧洲不同地区对这场剧变的记忆是不同的。今天的俄罗斯对此的记忆主要是负面的，而中东欧和西欧对此的记忆虽有不同，却都主要是正面的。

然而，有更多的证据表明，1989 年的变革应该被视为整个欧洲的共同事件。虽然它在欧洲每个国家的进程不尽相同，却几乎对欧洲各个地区都产生了重大影响。它不仅深刻地影响了东欧和解体后苏联的政治格局，也从根本上影响了西欧的政治格局。

欧洲东部无疑发生了翻天覆地的变化。苏联帝国对中东欧政治和经济的控制以及红军的军事存在崩溃了。波兰、捷克斯洛伐克和匈牙利等中东欧国家以及保加利亚和罗马尼亚等东欧国家不仅能够决定自己的命运，而且在一段时间后也成为资本主义民主国家。此外，俄罗斯以外的苏联加盟共和国，即波罗的海国家、白俄罗斯、乌克兰、摩尔多瓦、格鲁吉亚、亚美尼亚、阿塞拜疆以及中亚各共和国也都成为独立的国家。这些苏联加盟共和国中的少数几个国家，亦即三个波罗的海国家，在 20 世纪 90 年代还引入了资本主义民主制度。欧洲东南部巴尔干半岛的政治格局也随着南斯拉夫的解体而发生了根本性的变化，但它们并没有发生在 1989/1990 年，而是在之后的几年里出现的。

把 1989 年变革看作共同的欧洲事件的关键因素是，西欧的政治格局也在 1989/1990 年发生了深刻的变化。几乎每个国家都以这样或那样的方式受到影响。1990 年的统一使德国发生了根本性的变化，现在的德国由起初有着截然不同的经济结构、生活水平和历史经验的两部分组成。在意大利、法国、西班牙和葡萄牙，随着先前共产党影响力的衰弱，政治格局也发生了重大变化。瑞士、奥地利、瑞典和芬兰的自我认知则随着中立态度的结束而发生了巨大的转变，中立态度在冷战结束后随即失去了意义。欧洲许多国家的民众和民族记忆受到 1989 年变革的强烈影响。"Fall der Mauer""la chute du mur""the fall of the wall"（德语、法语和英语中的"墙的倒塌"）等表达成为许多欧洲国家日常用语的一部分。1989 年在柏林举行的除夕庆祝活动成为全欧洲的盛会。

在 1989 年的东欧剧变之后，不仅欧洲民族国家发生了变化，欧洲各国之间的关系也发生了相当大的变化。欧洲共同体从一个纯粹的西欧联盟演变为整个欧洲的联盟。1989 年的东欧剧变不仅使西欧大部分原来保持中立的国家，而且使中东欧国家、波罗的海国家、两个东欧国家以及马耳他和塞浦路斯两个地中海岛屿国家（由于塞浦路斯继续分裂，最初只是其希腊族控制的部分）考虑成为欧共体成员，并分别在 1995 年、2004 年和 2007 年成功加入。欧洲一体化不再在中立与非中立态度之间、东欧与西欧之间划分界限。此外，欧盟获得了比之前的欧洲共同体更大的权力。欧盟不仅通过对共同货币和欧洲中央银行的规划扩大了其经济方面的权限，而且它在内外安全、文化和社会保障领域的权限也明显扩大了。

欧洲一体化进程的这一发展和 1989 年东欧剧变后的德国

统一有很大关系。日益强大到令邻国感受到威胁的德国在坚定地推动欧洲一体化的进程中更加牢固地与欧洲融为一体。1992年《马斯特里赫特条约》签订以及欧洲共同体几个成员国开展公民投票以来，欧洲一体化也变得政治化。欧洲政治已成为一个备受争议的话题，在党派内部以及普通公民中间也常常引发激烈辩论。曾经视"欧洲问题"为乏味且难以解决的问题的知识分子如今也表明了自己的立场。

273

　　1989 年至 1991 年的剧变同样导致北约发生变化。它失去了在冷战期间作为抵御苏联的防御联盟的功能，并且在 20 世纪 90 年代成了中东欧和东欧国家重要的一体化工具。北约成员国在新的开放国际形势下给予了东欧各国安全保障。此外，北约后来从欧洲的区域军事联盟转变为维护全球和平的军事联盟。如果没有 1989 年至 1991 年的东欧剧变，北约联盟性质也就不可能有如此巨大的转变。

　　总而言之，1989 年的剧变与欧洲历史上 1789 年、1848年、1914~1918 年、1945 年的重大历史变革相似，并未以完全相同的方式影响所有的欧洲国家。各国既有共同的背景，也有各自具体的国情。但 1989 年对每个欧洲国家而言几乎都是一个历史性的转折，或者在随后的几年中对本国产生了巨大的影响。不过，不同国家对 1989 年的剧变有不同的评论，至今仍没有形成统一的欧洲记忆，而且人们充其量只谈论大多数人的记忆，这一点也不足为奇。毕竟欧洲历史上其他重大剧变也从来没有形成过统一的记忆。

274

致 谢

　　我曾在 2008 年的讲座中介绍本书的初稿，并在洪堡大学的专业研讨课上谈论过本书的核心内容。我很感激能与学生们开展讨论，并能够在弗赖堡、巴黎、伦敦、华沙和柏林作报告时，与同事和博士生们就书中的个别章节进行辩论。学生助理安德烈亚斯·斯普赖尔（Andreas Spreier）细致地纠正了书中的事实性错误和模糊的表述。伊沃·科姆连（Ivo Komljen）帮助我编写了索引和大事年表。我也非常感谢塞巴斯蒂安·乌尔里希（Sebastian Ullrich）出色的校对工作。我还要感谢我的妻子和家人，感谢他们对我这个写作繁忙的丈夫、父亲、岳父和祖父的极大耐心，感谢他们与我就全球经济、文化史、中东历史和欧盟运作开展重要的讨论。我将此书献给他们。

建议阅读文献

关于1945~1989年之欧洲的历史学和社会科学著作数量众多，此处仅提及一小部分概论性质的出版物，读者可登录贝克出版社网站（www.chbeck.de/go/Geschichte-Europas）查阅更详细的文献列表。

关于1945年以来的欧洲历史，近来市面上出版了许多优秀的综述：Mary Fulbrook精心主编了 *Europe since 1945* （Oxford，2001），Constantin Goschler/Rüdiger Graf按不同主题编写了信息量尤为丰富的 *Europäische Zeitgeschichte seit 1945*（Berlin，2010），Tony Judt按时间顺序编写了维度甚广、文笔精湛的 *Geschichte Europas von 1945 bis zur Gegenwart*（München，2006）。关于更长的历史时段，新近发表的论著中也有一些相关章节值得一读，例如Harold James 的 *Geschichte Europas im 20. Jahrhundert, Fall und Aufstieg 1914-2001*（München，2004），Helmut Altrichter/ Walther L. Bernecker 的 *Geschichte Europas im 20. Jahrhundert*（Stuttgart，2004），Mark Mazower 的 *Der dunkle Kontinent. Europa im 20. Jahrhundert* （Frankfurt，2002），Serge Bernstein/ Pierre Milza 的 *Histoire de l'Europe contemporaine*（Paris，2002），以及Hagen Schulze 的 *Phoenix Europa. Die Moderne von 1740 bis heute*（Berlin，1998）。

关于 1945 年后的欧洲历史的几个重要方面，也有一些很好的论述。经济史方面可读 Barry Eichengreen 的 *The European Economy since 1945*（Princeton，2007），以及 Stephen Broadberry /Kevin H. O'Rourke 的 *The Cambridge Economic History of Modern Europe, vol. 2, 1870 to the Present*（Cambridge，2010）中的相关章节；也可参阅 Ivan T. Berend 的 *Markt und Wirtschaft. Ökonomische Ordnungen und wirtschaftliche Entwicklung in Europa seit dem 18. Jahrhundert*（Göttingen，2007），Wolfram Fischer 主编的 *Handbuch der europäischen Wirtschafts- und Sozialgeschichte, Bd. 6: Vom Ersten Weltkrieg bis zur Gegenwart*（Stuttgart，1987），以及 Gerold Ambrosius/ William H. Hubbard 的 *Sozial- und Wirtschaftsgeschichte Europas im 20. Jahrhundert*（München，1986），这几篇旧文仍十分值得拜读。社会史方面，可以阅读一系列综合性的著作，例如社会学家 Göran Therborn 所著的 *Die Gesellschaften Europas 1945-2000. Ein soziologischer Vergleich*（Frankfurt，2000），匈牙利历史学家 Béla Tomka 的作品 *Európa társadalom Története a 20. Században*（Budapest，2009，英文版即将面世），社会科学家 Colin Crouch 的著作 *Social Change in Western Europe*（Oxford，1999），社会学家 Stefan Hradil/Stefan Immerfall 主编的 *Die westeuropäischen Gesellschaften im Vergleich*（Opladen，1997），Peter Stearns 主编的 *Encyclopedia of European Social History*（6 Bde.，New York，2001），还有本人所著的 *Sozialgeschichte Europas seit 1945*（München，2007；日文版，2010；波兰语版，2011；英文版，2011）。

文化史方面，Hermann W. van der Dunk 的 *Kulturgeschichte des 20. Jahrhunderts*（2 Bde., München, 2004）里 有 一 些章节十分重要；Donald Sassoon 的 *The Culture of the Europeans from 1800 to the Present*（London, 2006） 和 Anne-Marie Autissier 的 *L'Europe de la culture. Histoire(s) et enjeux*（Paris, 2005）也值得参阅。政治史方面，也可参 考上面列出的著作。

此外，关于1945~1989年欧洲历史的重要领域，近年来 也有不少优秀的概览性作品。冷战史方面，可参阅两部优秀综 述：Jost Dülffer 的 *Europa im Ost-West-Konflikt, 1945-1991*（München, 2004）和 Bernd Stöver 的 *Der Kalte Krieg. Geschichte eines radikalen Zeitalters*（München, 2007）。 还有 Rolf Steininger 的 *Der Kalte Krieg*（Frankfurt, 2006）这卷短小精悍的作品，以及 John Lewis Gaddis 从美国视角出 发而写的 *Der Kalte Krieg. Eine neue Geschichte*（München, 2007）。关于欧洲一体化的历史，市面上最近有许多综述 初次出版或再版：Marie-Thérèse Bitsch 的 *Histoire de la construction européenne de 1945 à nos jours*（Neuaufl., Paris, 2006；可惜目前仍未有其他译本）；Gerhard Brunn 的 *Die europäische Einigung von 1945 bis heute*（3.Aufl., Stuttgart, 2009）；Gabriele Clemens/ Alexander Reinfeldt/ Gerhard Wille 的 *Geschichte der europäischen Integration*（Paderborn, 2008）；Desmond Dinan 的 *Europe Recast: A History of the European Union*（Basingstoke, 2004）； Jürgen Elvert 的 *Die europäische Integration*（Darmstadt, 2006）；John Gillingham 的 *European Integration, 1950-2003. Superstate or New Market Economy?*（New York,

2003）；Franz Knipping 的 *Rom, 25. März 1957. Die Einigung Europas*（München，2004）；Wilfried Loth 的 *Der Weg nach Europa. Die Geschichte der europäischen Integration 1939-1957*（3. Aufl.，Göttingen，1996）；Jürgen Mittag 的 *Kleine Geschichte der Europäischen Union*（Münster，2008）；Hans-Joachim Seeler 的 *Geschichte und Politik der Europäischen Integration*（Baden-Baden，2008）；Guido Thiemeyer 的 *Europäische Integration*（Köln，2010）。关于殖民地后期状况和去殖民化进程，可参阅 Raymond F. Betts 的 *Decolonization*（2. Aufl.，London/New York，2004）；Andreas Eckert 的 *Kolonialismus*（Frankfurt，2006）；Jürgen Osterhammel 的 *Kolonialismus. Geschichte, Formen, Folgen*（4. Aufl.，München，2003）；Dietmar Rothermund 的 *Delhi, 15. August 1947. Das Ende kolonialer Herrschaft*（München，1998）；Wolfgang Reinhardt 的 *Kleine Geschichte des Kolonialismus*（2.Aufl.，Stuttgart，2008）。关于全球化的最新阶段发展，可见 Peter E. Fässler 的 *Globalisierung. Ein historisches Kompendium*（Köln，2007）；David Held/ Antony McGrew/ David Goldblatt/ Jonathan Perraton 的 *Global Transformation. Politics, Economics and Culture*（Cambridge，1999）；Jürgen Osterhammel/ Niels P. Petersson 的 *Geschichte der Globalisierung. Dimensionen, Prozesse, Epochen*（München，2003）；Robert Gilpin 的 *The Challenge of Global Capitalism. The World Economy in the 21st Century*（2. Aufl.，Princeton，2002）；Peter Dicken 的 *Global Shift: Mapping the Changing Contours of the World Economy*（5. Aufl.，London，2007）。关于移民对

欧洲全球交融的作用，阅读以下著作想必会有所收获：Klaus J. Bade 的 *Europa in Bewegung. Migration vom späten 18. Jahrhundert bis zur Gegenwart*（München，2002）；Stephen Castles/ Marc J. Miller 的 *The Age of Migration. International Population Movements in the World*（3. Aufl., Basingstoke，2003）；Dirk Hoerder 的 *Cultures in Contact. World Migrations in the Second Millennium*（Durham，2002）；Leo Lucassen 的 *The Immigrant Threat. The Integration of Old and New Migrants in Western Europe since 1850*（Chicago，2005）。然而迄今为止，无论是关于欧洲中心和边缘地带的历史、欧洲对全球组织和民间社会的影响、欧洲跨国企业和全球经济联系、欧洲对全球消费和全球学术发展的影响、非欧洲人对欧洲看法的变化和欧洲人对世界其他地区看法的变化，还是整体上关于后殖民时期欧洲的全球角色，1945~1989 年这些重要专题仍缺乏充分的论述。

要了解 1945 年以来欧洲历史的全球背景，最好查阅各种较新的全球历史综述，这些综述通常倾向于追踪各国的发展，而不是整个地区（如欧洲）的发展。关于欧洲各国的历史，还有几套较新的丛书也很不错。关于概念史，我们推荐 *Enzyklopädie der Neuzeit*，它最早的一卷于 2005 年出版，预计将于 2012 年全部出版。关于重要历史人物，最好使用互联网以及 *Neue Deutsche Biographie*、*das Dictionaire de biographie française* 或 *Oxford Dictionary of National Biography* 进行检索。以下两个门户网站虽然设计形式截然不同，但作为欧洲历史的线上展示，都十分实用：专题门户网站 Europäische Geschichte von HSozKult 和 EGO – Europäische Geschichte Online。要通过统计数据了解欧洲发展，以下资源十分有用：P. Flora 的 *State, Economy and Society 1915-1975*（2. Bde., Frankfurt 1984ff. ）；Angus Maddison 的 *The World Economy. A Millenial Perspective*（OECD Paris, 2001 ）；B.R. Mitchell 的 *International Historical Statistics: Europe, 1750-2000*（Basingstoke, 2003 ）；国际劳工组织的 *Economically Active Population 1950-2010*（Genf, 1997 ）；经济合作与发展组织的 *Historical Statistics*（历年数据 ）。

注 释

前 言 1945 年前后的欧洲

1 Hildegard Hamm-Brücher, in: H. Sarkowicz (Hg.), «Als der Krieg zu Ende war». Erinnerungen an den 8. Mai 1945, Frankfurt M./Leipzig 1995, S. 174 f.

2 Simone Veil, Und dennoch leben. Die Autobiographie der großen Europäerin, Berlin 2009, S. 95.

3 Jean Monnet, Erinnerungen eines Europäers, München 1980, S. 286.

4 Heinrich Böll, Eine deutsche Erinnerung, München 1981, S. 140–141.

第一章 战后时期 (1945~1949/1950 年)

1 H. Kühn, Widerstand und Immigration. Die Jahre 1928–1945, Hamburg 1980, S. 303 f.

2 A. Renger, in: H. Sarkowicz (Hg.), «Als der Krieg zu Ende war». Erinnerungen an den 8. Mai 1945, Frankfurt M./Leipzig 1995, S. 181 f.

3 K. Mann, Die Heimsuchung des Geistes (1949), in: P. M. Lützeler (Hg.), Plädoyers für Europa. Stellungnahmen deutschsprachiger Schriftsteller 1915–1949, Hamburg 1987, S. 304 f.

4 Karl Meyer, Weltgeschichte im Überblick, Frankfurt M. 1961, S. 21 (gedruckt nach Aufzeichnungen und Mitschriften einer Vorlesung an der Universität Zürich, gehalten in der Nachkriegszeit und in den 1950er-Jahren).

第二章 繁荣与冷战 (1950~1973 年)

1 Robert Jungk, Die Zukunft hat schon begonnen, Bern/München 1963, S. 20 f.

2 Karl Jaspers, Vom Ursprung und Ziel der Geschichte, Frankfurt/M. 1955, S. 169 (zuerst 1949).

3 Zit. nach Gabriel Fragnière, Hendrik Brugmans. Building Europe by educating Europeans, Brüssel 2006.

第三章 繁荣的结束与新的选择多样性 (1973~1989 年)

1 Jean-François Lyotard, La condition postmoderne. Rapport sur le savoir, Paris 1979.

2 Zit. nach Gerhard Brunn, Die europäische Einigung, Stuttgart 2002, S. 228.

图片说明

大事年表

1945 年 2 月 4 日~11 日	雅尔塔会议；
1945 年 5 月 7 日~9 日	德国投降；
1945 年 6 月 26 日	联合国成立，签署《联合国宪章》；
1945 年 7 月 17 日~8 月 2 日	波茨坦会议，通过《波茨坦协定》；
1945 年 8 月 6 日 / 9 日	广岛和长崎原子弹爆炸；
1946 年 2 月 22 日	乔治·凯南向美国国务院发出著名的"长电报"；
1946 年 3 月 5 日	丘吉尔发表"铁幕"演说；
1946 年 7 月 29 日~10 月 15 日	巴黎和会；
1947 年 2 月 10 日	签署《巴黎和约》；
1947 年 5 月 12 日	美国总统杜鲁门进行关于"遏制政策"的演讲；
1947 年 6 月 5 日	宣布马歇尔计划 / 欧洲复兴计划；
1947 年 9 月 27 日	共产党和工人党情报局成立；
1947 年 8 月 14 日 / 15 日	印度和巴基斯坦独立；
1948 年 1 月 25 日	捷克斯洛伐克共产党执政；
1948 年 3 月 17 日	签署《布鲁塞尔条约》；
1948 年 4 月 16 日	欧洲经济合作组织成立；
1948 年 5 月 14 日	以色列建国；
1948 年 6 月 20 日	德国西方占领区实行货币改革；
1949 年 1 月 1 日	在苏联的领导下成立经济互助委员会；
1948 年 6 月 24 日~1949 年 5 月 4 日	柏林封锁；
1949 年 4 月 4 日	北大西洋公约组织成立；
1949 年 5 月 5 日	欧洲委员会成立；
1949 年 5 月 23 日	德意志联邦共和国成立；

1949 年 10 月 7 日	德意志民主共和国成立；
1949 年 12 月 27 日	荷兰正式承认印度尼西亚独立；
1950 年 5 月 9 日	罗伯特·舒曼讲话，提出欧洲煤钢联营计划；
1950 年 6 月 25 日	朝鲜战争开始；
1950 年 10 月 24 日	提出建立西欧军队的"普利文计划"；
1950 年 11 月 4 日	在罗马签署《欧洲人权公约》；
1951 年 4 月 18 日	建立欧洲煤钢共同体；
1952 年 3 月 10 日	苏联发出关于德国统一问题的"斯大林照会"；
1953 年 3 月 5 日	斯大林逝世；
1953 年 6 月 17 日	德意志民主共和国民众起义；
1954 年 8 月 30 日	法国议会否决《欧洲防务共同体条约》；
1954 年 10 月 23 日	签署《巴黎协定》；
1955 年 5 月 5 日	《巴黎协定》生效；
1955 年 5 月 9 日	德意志联邦共和国加入北约；
1955 年 5 月 14 日	华沙条约组织建立；
1955 年 7 月 18 日~23 日	日内瓦会议；
1956 年 2 月 14 日~25 日	苏联共产党第二十次代表大会；
1956 年 6 月 22 日	波兰波兹南事件；
1956 年 10 月 23 日~11 月 11 日	匈牙利十月事件；
1956 年 10 月 29 日／31 日	第二次中东战争开始；
1957 年 3 月 25 日	签署《罗马条约》；欧洲经济共同体和欧洲原子能共同体成立；
1957 年 10 月 4 日	苏联成功发射人造地球卫星斯普特尼克号；
1958 年 11 月 27 日	苏联对柏林发出最后通牒；
1960 年 1 月 4 日	欧洲自由贸易联盟成立；
1960 年 12 月 14 日	欧洲经济合作与发展组织成立；
1961 年 8 月 13 日	开始修建柏林墙；
1962 年 7 月	阿尔及利亚独立；
1962 年 10 月 14 日~28 日	古巴危机；
1963 年 1 月 14 日	法国总统戴高乐对英国加入欧洲经济共同体行使否决权；

1963 年 1 月 22 日	法国与德意志联邦共和国签署《爱丽舍条约》;
1966 年 1 月 28 日~30 日	卢森堡妥协案;
1968 年 5 月	法国学生抗议;
1968 年 8 月 21 日	镇压"布拉格之春";
1969 年 12 月 1 日~2 日	海牙峰会;
1970 年 8 月 12 日~ 1973 年 12 月 11 日	签署四项"东方条约";
1971 年 9 月 3 日	签署关于柏林的《四方协定》;
1972 年 4 月 10 日	签署关于"蛇形汇率制"的《巴塞尔协议》;
1972 年 4 月 / 5 月	罗马俱乐部发表报告《增长的极限》;
1972 年 5 月 26 日	第一轮战略武器限制谈判（SALT-I）;
1972 年 7 月 22 日	欧洲自由贸易联盟与欧洲经济共同体签订条约，建立欧洲自由贸易区;
1973 年 1 月 1 日	英国、爱尔兰和丹麦加入欧洲共同体;
1973 年 1 月 27 日	签订《关于在越南结束战争、恢复和平的协定》;
1973 年 2 月~3 月	布雷顿森林货币体系崩溃;
1973 年 10 月 6 日~26 日	赎罪日战争，第一次石油危机;
1974 年 4 月	葡萄牙政变，独裁统治结束;
1974 年 7 月	希腊独裁统治结束;
1974 年 12 月 9 日~10 日	巴黎首脑会议，欧洲理事会成立;
1975 年 2 月 28 日	《洛美协定》;
1975 年 6 月 25 日	莫桑比克独立;
1975 年 8 月 1 日	签署《赫尔辛基最后文件》;
1975 年 11 月 11 日	安哥拉独立;
1975 年 11 月 20 日	佛朗哥逝世，西班牙民主化进程开始;
1979 年 3 月 13 日	欧洲货币体系生效;
1979 年 6 月 7 日~10 日	欧洲议会第一次直接选举;
1979 年 6 月 18 日	签订《第二阶段限制战略武器条约》;
1979 年 12 月 12 日	北约"双重决议";
1979 年 12 月 27 日	苏联入侵阿富汗;
1980 年 9 月 17 日	波兰团结工会成立;
1981 年 1 月 1 日	希腊加入欧洲共同体;

1981~1982 年	比利时、荷兰和德意志联邦共和国举行大规模和平示威；
1985 年 3 月 11 日	戈尔巴乔夫当选苏共中央总书记；
1985 年 6 月 14 日	签署《申根协定》；
1986 年 1 月 1 日	西班牙和葡萄牙加入欧洲共同体；
1986 年 2 月 17 日~28 日	签署《单一欧洲法案》；
1987 年 7 月 1 日	《单一欧洲法案》生效；
1989 年 11 月 9 日	柏林墙开放。

人名和机构索引

(此部分页码为德文原书页码，即本书页边码)

图书在版编目（CIP）数据

冷战和福利国家：1945~1989年的欧洲 /（德）哈
特穆特·克尔布勒（Hartmut Kaelble）著；张萍译 .
北京：社会科学文献出版社，2024.11. --（贝克欧洲史
）. -- ISBN 978-7-5228-3343-9

Ⅰ .K505

中国国家版本馆 CIP 数据核字第 20246KN974 号

· 贝克欧洲史 ·

冷战和福利国家：1945~1989年的欧洲

著　　者 /〔德〕哈特穆特·克尔布勒（Hartmut Kaelble）
译　　者 / 张　萍

出 版 人 / 冀祥德
组稿编辑 / 段其刚
责任编辑 / 陈嘉瑜　周方茹
责任印制 / 王京美

出　　版 / 社会科学文献出版社 · 教育分社 （010）59367151
　　　　　 地址：北京市北三环中路甲29号院华龙大厦　邮编：100029
　　　　　 网址：www. ssap. com. cn
发　　行 / 社会科学文献出版社 （010）59367028
印　　装 / 北京盛通印刷股份有限公司

规　　格 / 开本：889mm × 1194mm　1/32
　　　　　 印张：7.25　字数：182千字
版　　次 / 2024年11月第1版　2024年11月第1次印刷
书　　号 / ISBN 978-7-5228-3343-9
著作权合同
登 记 号 / 图字01-2018-7838号
定　　价 / 62.00元

读者服务电话：4008918866

图书在版编目（CIP）数据

冷战和福利国家：1945~1989 年的欧洲 / (德) 哈
特穆特·克尔布勒 (Hartmut Kaelble) 著 ; 张萍译 .
北京 : 社会科学文献出版社 , 2024. 11. -- (贝克欧洲史
). -- ISBN 978-7-5228-3343-9

Ⅰ .K505

中国国家版本馆 CIP 数据核字第 20246KN974 号

·贝克欧洲史·

冷战和福利国家：1945~1989年的欧洲

著　者 / 〔德〕哈特穆特·克尔布勒（Hartmut Kaelble）
译　者 / 张　萍

出 版 人 / 冀祥德
组稿编辑 / 段其刚
责任编辑 / 陈嘉瑜　周方茹
责任印制 / 王京美

出　　版 / 社会科学文献出版社·教育分社（010）59367151
　　　　　地址：北京市北三环中路甲29号院华龙大厦　邮编：100029
　　　　　网址：www. ssap. com. cn
发　　行 / 社会科学文献出版社（010）59367028
印　　装 / 北京盛通印刷股份有限公司

规　　格 / 开本：889mm×1194mm　1/32
　　　　　印张：7.25　字数：182千字
版　　次 / 2024年11月第1版　2024年11月第1次印刷
书　　号 / ISBN 978-7-5228-3343-9
著作权合同
登 记 号 / 图字01-2018-7838号
定　　价 / 62. 00元

读者服务电话：4008918866